Maria Grazia di ...ardo

...sa

...re Belli

Redazione e ricerca iconografica: Stefania Sarri
Progetto grafico e direzione artistica: Nadia Maestri
Grafica al computer: Carla Devoto

© 2012 Cideb

Prima edizione: Gennaio 2012

Crediti fotografici
Photos.com; IstockPhoto; DreamsTime; De Agostini Picture Library: p. 5, 6.

Tutti i diritti riservati. È vietata la riproduzione, anche parziale, con qualsiasi mezzo effettuata, anche ad uso interno o didattico, non autorizzata.

Saremo lieti di ricevere i vostri commenti o eventuali suggerimenti, e di fornirvi ulteriori informazioni sulle nostre pubblicazioni:
info@blackcat-cideb.com

Le soluzioni degli esercizi sono disponibili sul sito:
blackcat-cideb.com

The Publisher is certified by
CISQCERT
in compliance with the UNI EN ISO 9001:2008 standards for the activities of «Design and production of educational materials» (certificate no. 02.565)

ISBN 978-88-530-1126-5   libro + CD

Stampato in Italia da Litoprint, Genova

Indice

CAPITOLO 1	**L'arrivo di Valentina**	10
CAPITOLO 2	**Amleto combina guai**	18
CAPITOLO 3	**Uno strano tipo**	27
CAPITOLO 4	**La vita a Morinesio**	35
CAPITOLO 5	**La festa del solstizio d'estate**	48
CAPITOLO 6	**Il temporale**	58
CAPITOLO 7	**Il mistero si scioglie: Betty**	67

| **DOSSIER** | Valle Maira | 4 |
| | Due professioni insolite della Valle Maira | 42 |

ATTIVITÀ 7, 9, 14, 22, 31, 40, 46, 53, 63, 73

TEST FINALE 78

Il testo è integralmente registrato.

CELI 1 Esercizi in stile CELI 1 (Certificato di conoscenza della lingua italiana), livello A2.

Valle Maira

La Valle Maira si trova in provincia di Cuneo in Piemonte, al confine con la Francia e più precisamente con la regione del Queyras. Si trova nelle Alpi Cozie (che raggiungono anche i 3000 metri di altezza) e in pieno territorio occitano.
La valle prende il nome dal torrente Maira che la percorre in tutta la sua lunghezza (45 km). Il primo tratto della vallata è ricco di frutteti e boschi di castagni. Dalla vallata principale si aprono il Vallone d'Elva, di Marmora, di Unerzio e quello di Traversiera. Il paesaggio tipicamente alpino è caratterizzato da una ricca flora con alcune piante rare come la stella alpina, il ginepro o la Regina delle Alpi. Lungo i sentieri è possibile incontrare cervi, camosci o marmotte.
La cittadina di Dronero, famosa per il suo ponte medioevale, si trova all'inizio della vallata. Da questo luogo si prosegue fino all'ultimo paese, Acceglio. S'incontrano anche altri villaggi pittoreschi come Villar San Costanzo, San Damiano Macra, Stroppo, Canosio o Rocca Bruna.

Merita senz'altro una visita il Vallone d'Elva, dominato dalle alte cime del monte Pelvo d'Elva (m 3064), del monte Chersogno (m 3026) e della rocca Marchisia (m 3072). A Serre, nel comune di Elva, ultimo paese di questa vallata, si trova la chiesa di Santa Maria Assunta, famosa per le pareti affrescate dall'artista fiammingo Hans Clemer, conosciuto per molto tempo sotto il nome di *Maestro d'Elva*.

Sono stati rinvenuti molti reperti archeologi che documentano la presenza dei Romani in questo territorio. Nominata per la prima volta in un documento del 1028, questa valle ha avuto per circa 400 anni una struttura politica parzialmente autonoma, che ha permesso alla maggior parte dei suoi abitanti un relativo benessere economico. Dopo aver fatto parte della Francia e dopo alterne vicende, è passata definitivamente sotto il dominio del casato dei Savoia nel 1815. All'inizio dell'Ottocento, a causa di sfavorevoli condizioni economiche, è cominciata in Valle Maira una progressiva emigrazione (soprattutto verso la Francia) che ha spopolato il territorio. Oggi, grazie a una moderata attività turistica, alle migliorate condizioni dell'agricoltura e delle infrastrutture, all'allevamento del bestiame, la situazione demografica è migliorata.

Dronero

Tipici costumi occitani

In questa vallata, oltre al piemontese e all'italiano, si parla ancora oggi l'occitano, un idioma di origine gallo-romana, riconosciuto in Italia come lingua minoritaria dal 1999. Gli usi e le tradizioni occitani sono ancora presenti in tutta la Valle Maira, e le danze e la musica occitana ne animano le feste e le cerimonie.

Tra le proposte turistiche che questa zona offre ai suoi ospiti, ci sono i "Percorsi Occitani": si tratta di un antico sentiero in parte ristrutturato che permette di percorrere a piedi in circa 10 giorni tutta la valle. Lungo questo percorso si trovano molti rifugi e locande, i cosiddetti *"posti tappa"*, che permettono agli escursionisti di fare una sosta per dormire e mangiare, entrando in contatto con la cultura e le tradizioni del territorio. Altri sentieri famosi sono il sentiero *Roberto Cavallo* nell'alta valle e, nella parte più selvaggia di essa, il sentiero *Dino Icardi*. Ricordiamo anche *"La Grande Traversata delle Alpi"*, costituita da alcuni sentieri che attraversano le diverse località della valle.

Comprensione scritta

1 Rileggi il dossier e poi scegli la risposta esatta.

1 La Valle Maira si trova in
   a ☐ Liguria   b ☐ Piemonte   c ☐ Lombardia
2 Il suo nome deriva da
   a ☐ un monte   b ☐ un lago   c ☐ un torrente
3 Lungo i sentieri di questa valle si possono incontrare
   a ☐ animali selvaggi   b ☐ animali domestici
   c ☐ animali di montagna
4 A Dronero c'è
   a ☐ un ponte medioevale   b ☐ un castello medioevale
   c ☐ un palazzo medioevale
5 Le pareti della chiesa di Serre sono state affrescate da
   a ☐ un artista finlandese   b ☐ un artista francese
   c ☐ un artista fiammingo
6 I reperti archeologici trovati nel territorio sono
   a ☐ greci   b ☐ romani   c ☐ etruschi
7 L'occitano è una lingua di origine
   a ☐ tedesca   b ☐ spagnola   c ☐ gallo-romana
8 i "Percorsi Occitani" sono
   a ☐ una danza tipica della valle   b ☐ sentieri turistici
   c ☐ un giornale locale

2 Durante una vacanza in Valle Maira quali di queste attività sceglieresti? Spiega il motivo. Hai la possibilità di più scelte.

a escursioni a piedi;
d un corso di cucina;
c un corso di lingua e cultura occitana;
b escursioni con la bici (mountain-bike);
e visita ai monumenti;
f riposo;
g alpinismo.

Personaggi

Da sinistra a destra: **Matteo, Anna, Amleto, Valentina, Bobo, Mario.**

ATTIVITÀ

Prima di leggere

1 Troverai queste parole nel capitolo I. Associa ogni parola all'immagine corrispondente.

a i bagagli
b cima
c tetto
d cestino
e portiera
f sentiero

9

CAPITOLO 1

L'arrivo di Valentina

"Ben arrivata! Hai fatto buon viaggio? Entra, entra! Ho preparato la tua torta preferita così per prima cosa prendiamo un caffè insieme e poi andiamo a scaricare i bagagli dalla macchina e ti faccio vedere il tuo nuovo alloggio!" dice la donna con un sorriso.

"Grazie!" risponde la ragazza all'ingresso. "Pensi sempre a tutto e sei sempre così gentile...."

Le due donne si siedono al tavolo in cucina, bevono un caffè e mangiano una fetta di torta. Anna, la più anziana delle due, fa domande sul lungo viaggio, alle quali Valentina, la nuova arrivata, risponde distrattamente. È rapita dal bellissimo panorama che si gode dalle grandi finestre e non ascolta. La vista sulle cime delle montagne, sui tetti di ardesia [1] che

---

1. **ardesia**: pietra nera per ricoprire i tetti delle case in montagna.

L'arrivo di Valentina

sembrano d'argento, sulla valle dove scorre il fiume Maira, assorbe [2] tutti i suoi pensieri.

"Ehi!! A che cosa stai pensando? Mi sembri distratta... Ti ho chiesto se....."

"Scusami!" la interrompe Valentina imbarazzata "Ma questo panorama è così unico, così magnifico... E poi la tua casa è bellissima. Mi è piaciuta fin dalla prima volta che l'ho vista. Ti ricordi? A quel tempo tu e tuo marito la stavate ancora ristrutturando, ma già si poteva indovinare che sarebbe diventata un angolo di paradiso!"

"Hai perfettamente ragione!" le dice l'amica e sorride. "Di questo possiamo parlare un'altra volta, ora che ti fermi a lungo da noi. Adesso è ora di andare!"

"Hai ragione! E poi devo assolutamente occuparmi di Amleto! Mi ero dimenticata di lui. Sono proprio sbadata! È sicuramente arrabbiato con me!" aggiunge.

Le due donne escono dalla casa e si dirigono verso l'automobile di Valentina, che apre preoccupata la portiera. Guarda sul sedile posteriore e vede Amleto, il suo gatto, che dorme tranquillamente nel cestino da viaggio.

"Meno male! Non si è accorto di niente!" Salgono in macchina e si dirigono verso la nuova casa di Valentina, non lontana da quella di Anna. Insieme scaricano i bagagli e cominciano a disfarli. A un certo punto Anna interrompe il lavoro e dice:

"Non resta molto da fare. Puoi continuare da sola, io vado a preparare la cena. Ti aspetto tra un'oretta. Non fare tardi" le dice con un sorriso ed esce.

---

2. **assorbire**: essere completamente occupato da qualcosa.

CAPITOLO 1

La ragazza, rimasta sola, comincia a guardare con calma la sua nuova casa. Amleto la segue miagolando. È un piccolo appartamento ricavato da un vecchio fienile [3] che Anna e Matteo, suo marito hanno ristrutturato con cura. Non è grande: una cucina-soggiorno, una camera da letto molto spaziosa, un bagno e un piccolo ripostiglio [4]. Dal balcone si gode un panorama meraviglioso!

"Allora Amleto, che ne dici? Ti piace?" chiede la ragazza. Il gatto miagola con aria seccata. "Forse hai ragione! Chissà se è stata una buona idea venire qui! Tu poi sei un vero gatto di città! Ti piacerà vivere qui?". Valentina sospira. "Anche se non sei contento, vieni, ora ti preparo il tuo piatto preferito! Avrai sicuramente fame dopo un viaggio così lungo!"

La cena a casa di Anna è ottima come sempre e la serata passa allegramente tra chiacchiere e risate. "Perbacco! Come si è fatto tardi! Devo proprio andare perché domani comincia ufficialmente la mia vita a Morinesio" esclama Valentina. Dopo aver salutato gli amici, esce e s'incammina per il sentiero che porta alla sua casetta. Il cielo è sereno e pieno di stelle e il paese è molto silenzioso.

"È incredibile!" pensa la ragazza "La pace e il silenzio qui sono straordinari. Questo è veramente un angolo di paradiso!"

---

3. **fienile**: locale per conservare l'erba seccata (il fieno) per nutrire gli animali della stalla.
4. **ripostiglio**: piccola stanza per mettere varie cose e oggetti.

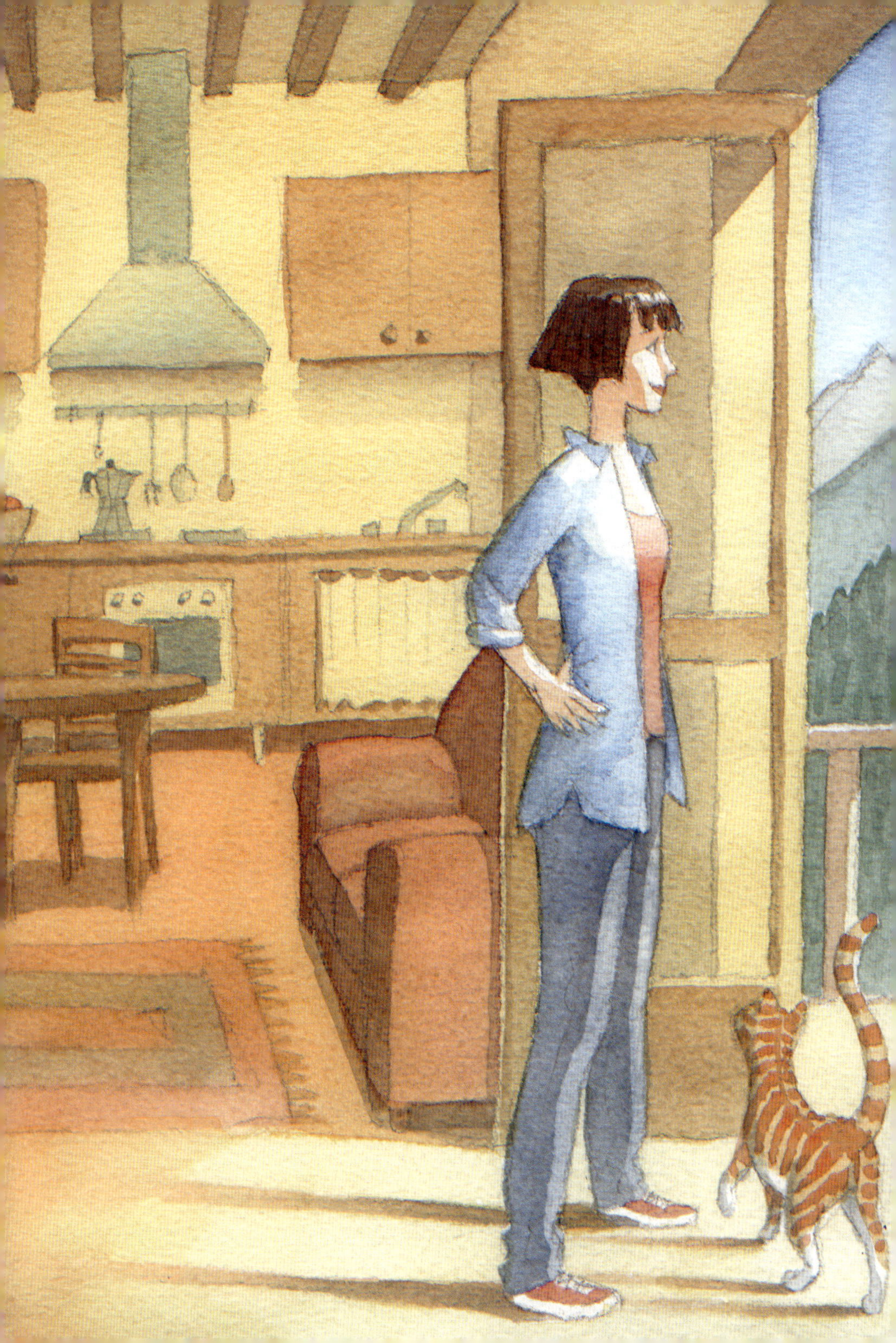

Comprensione scritta e orale

CELI 1

1 Rileggi il capitolo. Il testo dice....

		SI	NO
1	... da quale paese o città viene Valentina?	☐	☐
2	... perché la ragazza risponde distrattamente alle domande dell'amica?	☐	☐
3	... chi è Amleto?	☐	☐
4	... com'è l'appartamento dove abiterà Valentina?	☐	☐
5	... qual è la reazione dell'animale al nuovo ambiente?	☐	☐
6	... che cosa ha preparato per cena Anna?	☐	☐
7	... a che ora torna a casa Valentina?	☐	☐
8	... qual è la reazione di Valentina alla pace e al silenzio del posto?	☐	☐

2 Prima di andare a letto Valentina annota velocemente nel suo diario gli avvenimenti più importanti della giornata. **Riscrivili con frasi di senso compiuto.**

Viaggio bene / Anna torta / Morinesio paese bellissimo / appartamento molto carino / Amleto forse contento nuovo alloggio / cena squisita / a casa tardi / pace e silenzio incredibili / Morinesio paradiso.

....
....
....
....
....
....

ATTIVITÀ

3 Completa le frasi con le parole proposte. Attenzione, le parole sono alla rinfusa.

| sola | distratta | straordinari | preferita | sbadata | tutto |

1. Entra, entra! Ho preparato la tua torta ....
2. Grazie, sei sempre così gentile. Pensi sempre a ....
3. Ehi! A che cosa stai pensando? Mi sembri ....
4. Mi ero dimenticata di lui! Sono proprio .... !
5. Non resta molto da fare. Puoi continuare tu da ....
6. La pace e il silenzio qui sono .... È veramente un angolo di paradiso!

Competenze linguistiche

1 Ecco l'elenco dei mobili e degli oggetti che si trovano nell'appartamento di Valentina. Quali di questi appartengono alla cucina-soggiorno, quali alla camera da letto, quali al bagno e quali al ripostiglio. Inseriscili nella lista corrispondente.

letto   doccia   divano   piatti   lavatrice   tavolo   aspirapolvere   scaffale   lavandino   poltrona   forno a gas   specchio   armadio   bicchiere   sedia   asciugamano   pentole   tovaglia.

Cucina-soggiorno	Camera da letto	Ripostiglio	Bagno

ATTIVITÀ

Grammatica

La costruzione *stare* + gerundio

Questa costruzione si usa per esprimere un'azione in corso nel momento in cui si parla.
*Anna dice a Valentina: "A che cosa **stai pensando**?"*

Il gerundio si forma aggiungendo alla radice del verbo la desinenza **-ando** per i verbi in **-are**, **-endo** per i verbi in **-ere** e in **-ire**.

1 Completa le frasi con il verbo stare + gerundio.

1. Franca e Paolo (*partire*) .... per gli Stati Uniti.
2. "Scusa vengo subito! (*finire*) .... un lavoro importante!"
3. "Ma dove (voi — *andare*) ....?"
4. Se ho capito bene, Carla (*pensare*) .... di cambiare lavoro.
5. Il libro che (tu — *leggere*) .... non mi sembra molto interessante!
6. (Noi — *cercare*) .... una nuova casa.
7. Sulla foto a sinistra, Luigi (*bere*) .... un tè, cosa che di solito lui non fa mai!
8. Secondo me (voi — *prendere*) .... una decisione sbagliata.
9. (loro — *ristrutturare*) .... la vecchia casa dei nonni.
10. Che cosa (tu — *fare*) .... di bello?

Produzione scritta e orale

CELI 1

1 Dove abiti? In una casa? In un appartamento? Prova a descrivere la tua abitazione.

CELI 1

2 Hai fatto un viaggio di recente? Dove sei stato/a? Racconta.

ATTIVITÀ

Prima di leggere

1 Troverai queste parole nel capitolo II. Associa ogni parola all'immagine corrispondente.

a prato
b vassoio
c braccio
d pianta
e bocca
f corda
g nebbia
h piede
i sdraio

CAPITOLO 2

Amleto combina guai

Il giorno dopo Valentina si sveglia, o meglio, Amleto che è salito sul letto, la sveglia miagolando con insistenza.

"Va bene! Ho capito! Ti preparo qualcosa da mangiare e poi facciamo colazione insieme sul balcone. Hai visto che bel sole?" gli dice Valentina andando verso la cucina.

La giornata è magnifica.

"È proprio la stagione ideale per cominciare il mio soggiorno qui!" pensa la ragazza ed esce sul balcone con il vassoio della colazione. Improvvisamente vede Amleto che è riuscito a uscire dall'appartamento e adesso sta esplorando con grande interesse assieme a un grande cane dall'aspetto buono e simpatico il giardino della casa accanto alla sua.

"E bravo Amleto!" dice "Ma come? Non hai più paura? Tu che non uscivi quasi mai dal nostro piccolo appartamento in città…. Sempre nel tuo cestino a guardare il traffico [1] dalle finestre…… E adesso hai anche trovato un amico… un cane poi!!"

---

1. **traffico**: movimento dei veicoli e delle persone in una città.

Amleto combina guai

Valentina è piacevolmente sorpresa dal coraggio del suo gatto e sorride. Improvvisamente i suoi pensieri sono interrotti [2] da una voce maschile.

La ragazza guarda verso il giardino e vede un uomo alto, abbronzato che, in tono poco gentile, le dice: "È suo quel gatto? Potrebbe venire subito a prenderlo?"

Valentina raggiunge Amleto e lo prende in braccio, anche se lui si dimena e non vuole tornare in casa.

"Guardi che disastro [3]!" continua l'uomo irritato "Ha provocato il mio cane che gli è corso dietro e insieme hanno rovinato tutte le mie piante! Si rende conto che ha fatto un bel danno?"

Valentina osserva il giardino, tutto le sembra in ordine e vorrebbe ribattere, ma l'uomo non le lascia nemmeno il tempo di aprire bocca.

"Penso" continua "che lei sia un'ospite dell'agriturismo [4] della signora Donati. Le sarei molto grato se durante il suo soggiorno qui, il suo gatto non entrasse più nella mia proprietà. Arrivederci!"

E se ne va trascinandosi dietro il cane che guarda tristemente verso il gatto mentre si allontana. Valentina è perplessa [5], non sa cosa pensare, ritorna in casa ed esce sul balcone con aria pensierosa.

"Ma che tipaccio!" pensa accarezzando il gatto. "Non posso certo legarti a una corda, eh gattone?".

Da lontano vede arrivare Anna, di corsa, come sempre, che la saluta agitando le mani.

"Hai visto che bel sole? Altro che la nebbia di città!" Entra in casa e si siede accanto a lei sulla sdraio in balcone.

2. **interrotti**: fermati, bloccati.
3. **disastro**: rovina grave.
4. **agriturismo**: casa o appartamento per le vacanze in una fattoria o casa di contadini.
5. **perplessa**: indecisa, insicura.

CAPITOLO 2

"Hai dormito bene? Pensi di lavorare un po' oggi?" le chiede. Valentina non risponde a questa sua domanda, ma le dice:

"Senti, Anna, questa mattina ho conosciuto il mio vicino di casa". E le racconta in breve l'accaduto [6].

"Mi ha chiesto di non lasciare più entrare Amleto nel suo giardino. Non posso certo legarlo.....Ma chi è?"

"Su, dai! Non fare quella faccia! Non è il caso di preoccuparsi! Forse il signor Bianchi, così si chiama il tuo nuovo vicino, si è alzato con il piede sbagliato!" le dice l'amica sorridendo. "O forse è allergico ai gatti! Chi lo sa? Per la verità è un tipo abbastanza strano." Continua Anna.

"Nessuno qui in paese lo conosce bene. Su di lui circolano le voci più strane. Evita ogni contatto con gli abitanti di Morinesio. Quando è arrivato sei anni fa, ha fatto capire a tutti che non voleva fare parte della nostra piccola comunità, che voleva essere lasciato da solo e in pace.

All'inizio il suo comportamento ci ha un po' offesi, ma poi ci siamo abituati e oramai nessuno ci fa più caso. Va e viene. Vive la sua vita solitaria.

L'unica persona, con la quale scambia qualche parola, di tanto in tanto, è Matteo. A lui ha raccontato che la sua attività gli permette di lavorare da casa.

Non ha aggiunto altri particolari e Matteo non ha insistito. Il signor Bianchi ha comprato la casa da una coppia di Torino — mi pare — che non aveva più voglia di venire in vacanza fin quassù.", conclude Anna.

"Dal momento che è stato così esplicito, stagli alla larga e non pensarci più di tanto."

Insieme le due amiche restano in silenzio a godersi il sole primaverile.

6. **accaduto**: quel che è successo.

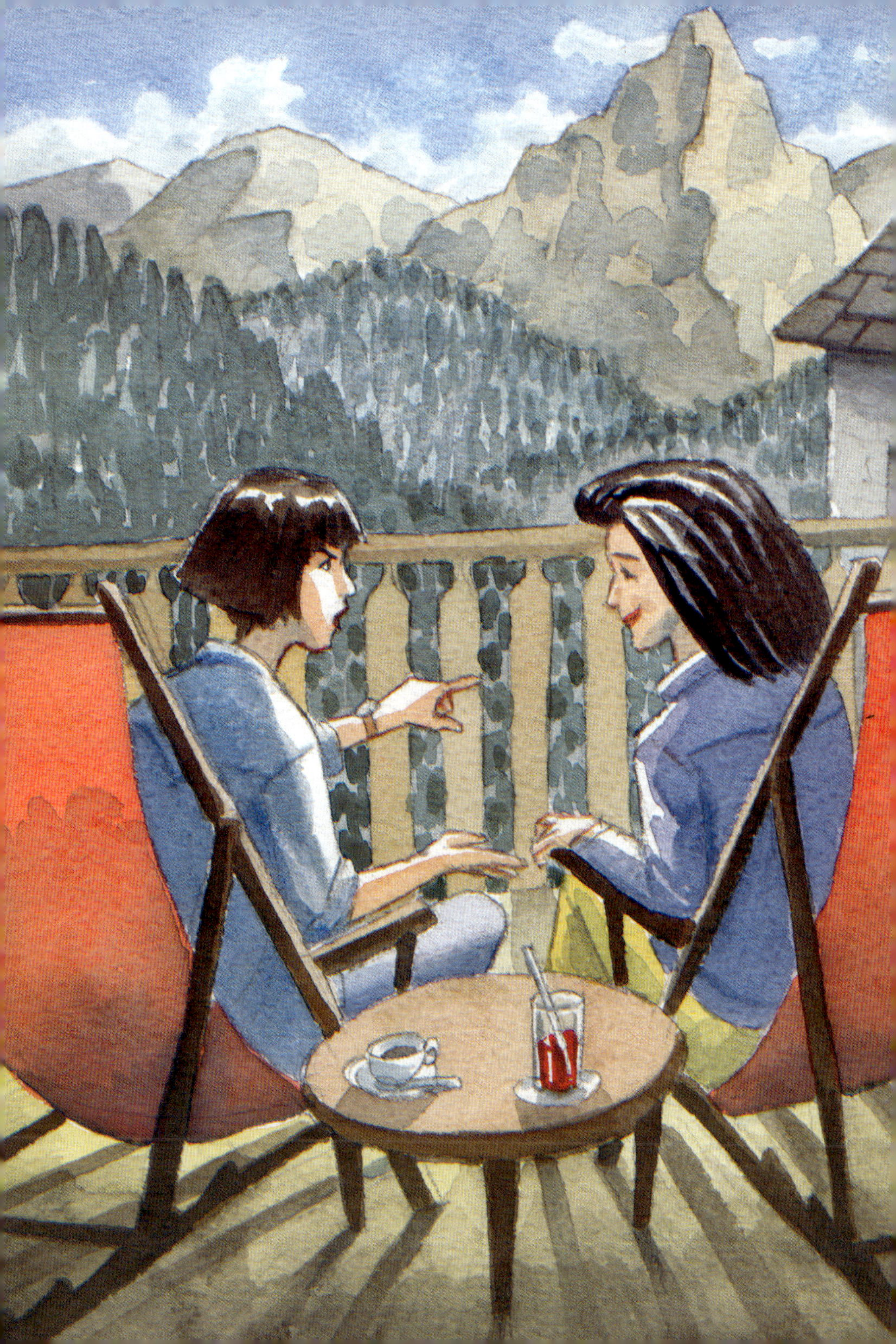

ATTIVITÀ

Comprensione scritta e orale

1 Rileggi il capitolo e scegli l'alternativa corretta.

1. Amleto sveglia Valentina perché
   - a ☐ vuole qualcosa da mangiare
   - b ☐ vuole uscire

2. La giornata è
   - a ☐ bellissima
   - b ☐ fredda e piovosa

3. Amleto sta esplorando
   - a ☐ la terrazza della casa vicino alla sua
   - b ☐ il giardino della casa vicino alla sua

4. I pensieri di Valentina vengono interrotti da
   - a ☐ una voce maschile
   - b ☐ dallo squillo del telefono

5. Il tono dell'uomo è
   - a ☐ gentile
   - b ☐ scortese

6. Secondo Anna il vicino di Valentina si è alzato
   - a ☐ con la mano sbagliata
   - b ☐ con il piede sbagliato

7. Il Sig. Bianchi
   - a ☐ è perfettamente integrato
   - b ☐ non parla con nessuno nella piccola comunità

8. Anna consiglia a Valentina
   - a ☐ di stare alla larga del vicino
   - b ☐ di andare spesso a trovarlo.

ATTIVITÀ

Competenze linguistiche

CELI 1

1 Conosci i nomi degli animali in italiano? Associa il nome di ogni animale all'immagine corrispondente.

a cane
b gallina
c leone
d coniglio
e tigre
f giraffa
g gatto
h cavallo
i maiale

23

ATTIVITÀ

2 Che cosa significano queste espressioni? Collega gli elementi delle due colonne.

1 ☐ Fare un bel danno   a evitare qualcuno
2 ☐ Un tipaccio…..   b persona strana, poco gentile
3 ☐ Non fare quella faccia   c essere di cattivo umore
4 ☐ Alzarsi con il piede sbagliato   d non interessarsi più a qualcuno/qualcosa
5 ☐ Non farci più caso   e avere un'espressione sbalordita
6 ☐ Stare alla larga   f rovinare qualcosa

Grammatica

- Gli aggettivi **diminutivi** si usano per esprimere un giudizio affettivo o per indicare le dimensioni di oggetto.
- Gli aggettivi **accrescitivi** si usano per indicare le dimensioni di un oggetto.
- Gli aggettivi **peggiorativi** si usano per indicare un giudizio negativo.

La formazione dei diminutivi, accrescitivi e peggiorativi.

- I diminutivi si formano aggiungendo al sostantivo o all'aggettivo la desinenza *-ino/etto*.
- Gli accrescitivi si formano aggiungendo al sostantivo o all'aggettivo la desinenza *-one*.
- I peggiorativi si formano aggiungendo al sostantivo o all'aggettivo la desinenza *-accio*.

I profumi che arrivano dai prati e dai giardini del paesino.
Ieri ho mangiato un bel piattone di spaghetti.
Ma che tipaccio!

CELI 1

1 Completa le frasi inserendo le parole fornite alla rinfusa.

> macchinone   piazzetta   tempaccio   laghetto   librone
> giardinetto   angolino   ragazzaccio

1 Vieni, cerchiamo un …………………… tranquillo.
2 Giulio si è comprato una macchina di lusso. Che ……………………!

ATTIVITÀ

3   Da piccolo Sandro era così bravo. Adesso è diventato un ....
4   Oggi piove e fa freddo. Con questo .... non usciamo di casa!
5   Dietro il ristorante "La stella d'oro" c'è un ...., dove si può mangiare nella bella stagione.
6   Ma come fai a leggere quel ....?
7   Anna ha un magnifico giardino. C'è anche un ....
8   Di fronte a casa mia c'è una .... con la statua di Garibaldi.

CELI 1

2 Trasforma le frasi con *ino/etto/one/accio*.

1   Puoi darmi ancora una piccola fetta di torta?
    Puoi darmi ancora una .... di torta?
2   Mia figlia abita a Parigi in un piccolo appartamento.
    Mia figlia abita a Parigi in un ....
3   Nel soggiorno abbiamo un grande tavolo.
    Nel soggiorno abbiamo un ....
4   Nel quartiere dove abita Paolo ci sono delle case molto brutte.
    Nel quartiere dove abita Paolo ci sono delle ....
5   Nel corridoio c'è un grande armadio.
    Nel corridoio c'è un ....
6   Nella gabbia c'è un piccolo uccello.
    Nella gabbia c'è un ....
7   Sono arrivati con delle grandi borse.
    Sono arrivati con delle ....
8   Ieri sera abbiamo visto un film molto brutto.
    Ieri sera abbiamo visto un ....

Produzione scritta e orale

CELI 1

1 Valentina ha un gatto. Tu hai o hai avuto un animale? Se no, ti piacerebbe averne uno? Racconta.

ATTIVITÀ

Prima di leggere

1 Troverai queste parole nel capitolo III. Associa ogni parola all'immagine corrispondente.

a parete
b cespuglio
c guancia
d portatile
e gradini
f raggomitolato

CAPITOLO 3

Uno strano tipo

"Che cosa vuoi fare adesso?" chiede Anna.

"Preparo la lista delle cose che domani vorrei comprare al mercato di Cuneo. A proposito, a che ora partiamo?"

"Va bene verso le 8?" Anna dà uno sguardo al vecchio orologio sulla parete e, con un piccolo grido, dice "Oh, Santo cielo! Come si è fatto tardi! Adesso ti devo proprio lasciare! Devo aiutare Matteo a verniciare [1] un mobile. Comunque, senti! A costo di essere noiosa... perché non provi a lavorare un po' al tuo nuovo romanzo? Hai molto talento, lo sai? È un peccato che..... Va bene, va bene!" s'interrompe guardando l'espressione quasi addolorata dell'amica. "Non fare quella faccia! Ho capito! Ti aspetto stasera per la cena. D'accordo?"

1. **verniciare**: coprire il mobile con un colore.

27

CAPITOLO 3

Le dà un grosso bacio sulla guancia e, senza aspettare la risposta, se ne va dopo aver accarezzato Amleto.

"Anna ha ragione" pensa con tristezza Valentina. Purtroppo però non riesce più a concentrarsi come un tempo. Le mancano le idee. Le mancano gli stimoli.

Rivede davanti a sé i titoli delle recensioni apparse sui giornali all'uscita del suo primo romanzo: "Giovane e piena di talento" "Un capolavoro perfetto" "Un modo assolutamente nuovo e geniale di raccontare storie antiche". Quel suo primo libro, che raccontava la vita di una giovane attrice di teatro in un periodo storico difficile, era stato subito un successo di pubblico e di critica.

"Ora mi sento vuota. Non riesco più a pensare. Non ho più energie! Da molto tempo la casa editrice aspetta il nuovo romanzo, ma io ora non posso più concentrarmi......." pensa la ragazza. Sente salire le lacrime agli occhi e guarda distrattamente il computer portatile. "No! Oggi no! Basta con i pensieri tristi!" decide improvvisamente. "Oggi voglio solo fare una passeggiata. Voglio andare fino alla piccola chiesa sulla collina, sedermi sui gradini e godermi questo bel sole. Oggi è una giornata speciale!!".

Accarezza Amleto che, dopo lo spiacevole episodio della mattina ora dorme tranquillamente raggomitolato nella sua cesta.

"Ciao, Amleto!" gli sussurra "fa il bravo, mi raccomando!" Esce dalla sua piccola casa e si sente di nuovo felice.

Il suo vicino è nel giardino, dove sta zappando intorno a un cespuglio di rose.

"Buon giorno!" gli grida allegramente la ragazza e gli si avvicina. "Permette che mi presenti? Mi chiamo Valentina, sono una lontana parente di Anna e Matteo. Sono la sua nuova vicina. Resterò qui per alcuni mesi. Voglio scusarmi per il mio gatto, Amleto, per quello che è successo stamattina.... Sa, non è abituato a..."

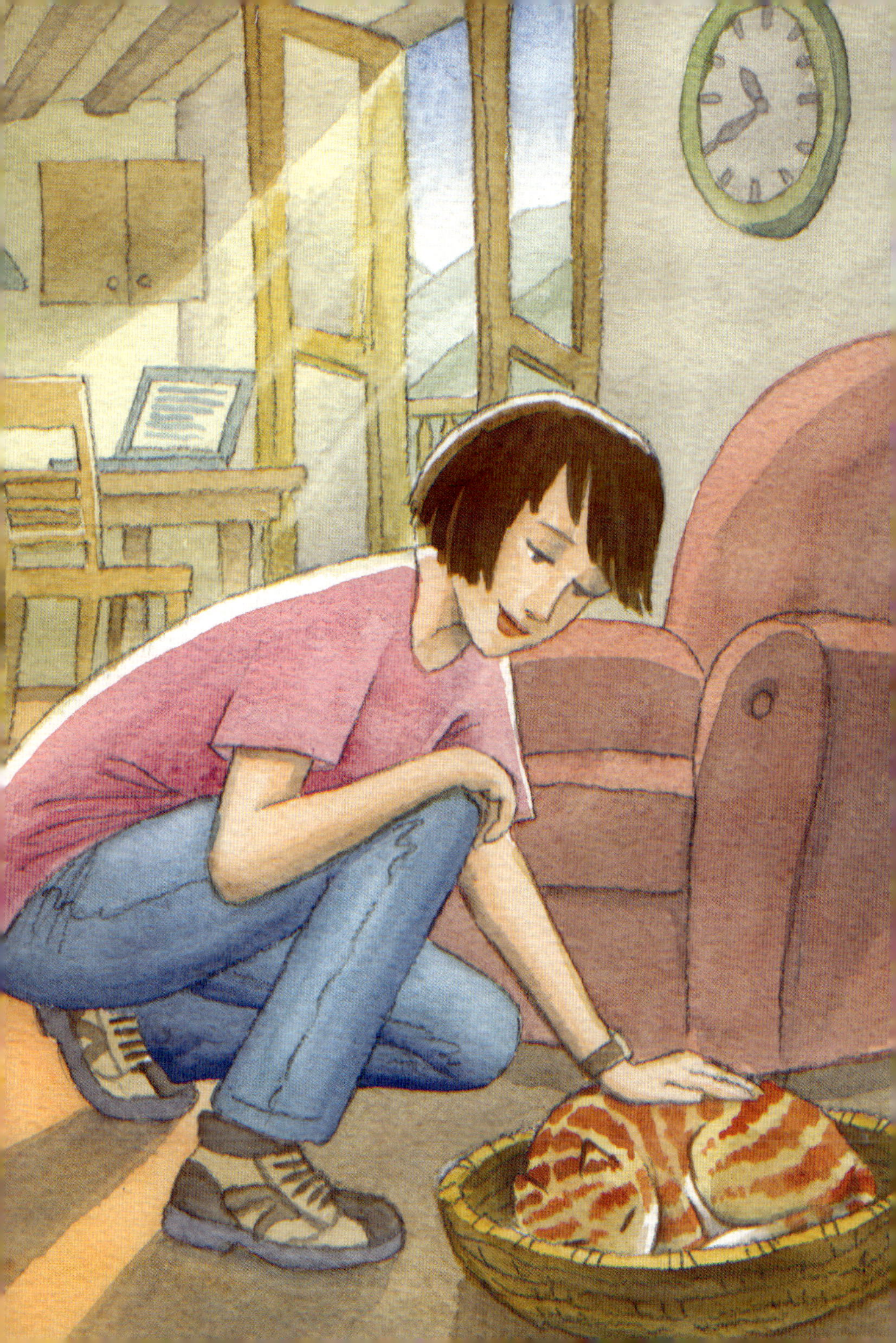

CAPITOLO 3

L'uomo non le lascia finire la frase, la guarda seccato [2], ma le stringe egualmente la mano senza grande entusiasmo. Mormora il suo nome in modo incomprensibile e aggiunge:

"Mi dispiace, ma non ho tempo da perdere in chiacchiere. Ho molto lavoro da sbrigare. Anzi — aggiunge in tono brusco [3] — se non le dispiace, vorrei essere lasciato in pace. Non ci tengo proprio a fare la sua conoscenza…. …" E se ne va lasciando la ragazza allibita [4].

"Accidenti, promette di diventare una grande amicizia…" pensa ironicamente Valentina "Che maleducato! D'ora in poi sarà proprio meglio stargli alla larga e fare finta di non vederlo, come mi ha consigliato Anna…È veramente strano! Non riesco proprio a capire perché una persona si comporti a quel modo…Chissà perché è così selvatico [5]? Vuole nascondere qualcosa?"

Cercando di trovare una risposta soddisfacente, Valentina s'incammina per il sentiero che porta alla piccola chiesa.

La passeggiata e il bellissimo paesaggio le fanno presto dimenticare il vicino. Guarda i tetti di ardesia del paese e le viene in mente la storia dei suoi amici, Matteo e Anna. Non riesce a trattenere un sorrisetto, quando pensa alla faccia che aveva fatto la terribile e pettegola [6] zia Clara alla notizia che i due si sarebbero trasferiti in mezzo alle montagne. "Secondo me quei due sono matti!" ripeteva a tutti, scuotendo la testa.

2. **seccato**: infastidito, annoiato.
3. **brusco**: maleducato, sgarbato.
4. **allibita**: sorpresa, stupita.
5. **selvatico**: poco socievole, poco gentile.
6. **pettegola**: persona che parla male di qualcuno.

ATTIVITÀ

Comprensione scritta e orale

CELI 1

1 Rileggi il capitolo e rispondi alle domande.

1 In quale città ha luogo il mercato? ....
2 Che cosa vuole verniciare Anna? ....
3 Perché Valentina è triste? ....
4 Quanti romanzi ha già scritto la ragazza? ....
5 Come decide di passare la giornata? ....
6 Chi incontra la ragazza quando esce dal suo appartamento?
....
7 Qual è la reazione del vicino? ....
8 Che cosa pensa Valentina del signor Bianchi? ....
9 Che cosa fa dimenticare alla ragazza lo scortese comportamento del vicino? ....
10 Che cosa le viene in mente durante la passeggiata? ....

Competenze linguistiche

CELI 1

1 Nella lista di Valentina per il mercato ci sono degli intrusi! Trovali.

1 pere / mele / bicchiere / pesche
2 pane / latte / biscotti / frigorifero
3 prosciutto cotto / giornale / salame / prosciutto crudo
4 insalata / peperoni / piselli / sedia
5 aspirina / sale / pepe / paprica
6 olio / francobolli / aceto / burro

31

ATTIVITÀ

2 Collega gli alimenti con le quantità e la preposizione *di*.

es.: *un chilo **di** pomodori.*

un etto e mezzo		succo di frutta
un litro		latte
un pacchetto		mele
un panetto	di	pecorino
due vasetti		tonno
mezzo chilo		spaghetti
tre scatolette		marmellata
una bottiglia		bresaola
un pezzetto		burro

3 Ascolta il dialogo e poi metti in ordine le frasi.

☐ Sì, signora è buonissima! Vuole assaggiare una fettina?
☐ A chi tocca?
☐ No, grazie! Per oggi è tutto!
☐ Buongiorno! Mi dica pure...
☐ No, grazie, mi fido; ne prendo un etto e mezzo.
☐ Vorrei 3 etti di parmigiano, per favore.
☐ A me, grazie!
☐ Subito, ecco a lei! Le serve altro?
☐ Eccolo.....Ha bisogno di altro, signora?
☐ Ha della bresaola? Che sia buona.....

Grammatica

I pronomi indiretti di terza persona

I pronomi indiretti di terza persona sostituiscono un nome usato con funzione di complemento indiretto. Le forme sono:

Singolare		Plurale	
Maschile	Femminile	Maschile	Femminile
gli/a lui	le/a lei	gli/a loro	

ATTIVITÀ

> I pronomi indiretti si trovano sempre davanti al verbo, tranne all'infinito, e nella forma dell'imperativo quando si uniscono al verbo.
>
> *Valentina non riesce più a scrivere. Le mancano le idee, le mancano gli stimoli.*
> *"Ciao Amleto" gli sussurra la ragazza.*
> *A lui non piace molto andare al cinema.*
> *Il signor Bianchi è un maleducato. "È meglio stargli alla larga" pensa Valentina.*
> *Dai a lei le chiavi.*

1 Rimetti in ordine le frasi come nell'esempio. Sostituisci i nomi con i pronomi indiretti appropriati.

   Es.: *una bicicletta/hanno regalato/a Carlo /i suoi amici/Per il compleanno.*
   *Per il compleanno i suoi zii **gli** hanno regalato un bicicletta.*

   1. una e-mail / a Anna / Ho mandato / due giorni fa.
   2. i CD / dire / di portare / a Maria / Puoi?
   3. Ieri sera / ai ragazzi / hai telefonato?
   4. di Faletti / non piace / a Sandra / Il nuovo libro.
   5. l'appuntamento / chiedere / di spostare / a Giorgio / Se vuoi / possiamo.
   6. Non piacciono / le grandi città / a Carolina e a Elena.
   7. Andare / a Giulio / in montagna / moltissimo / piace.
   8. dei loro amici / Chiedi / il nuovo indirizzo / a Luisa.

Produzione scritta e orale

CELI 1

1 Ti piace andare al mercato? Nella tua città o paese esiste un mercato settimanale? Racconta.

....
....
....

33

ATTIVITÀ

2 Vuoi trascorrere una settimana a Morinesio assieme a degli amici o alla tua famiglia. Hai bisogno di due camere da letto. Scrivi una breve e-mail ad Anna e chiedi informazioni sul suo agriturismo.

....
....
....

Prima di leggere

1 Troverai queste parole nel capitolo IV. Associa ogni parola all'immagine corrispondente.

a   cuoco
b   muratore
c   porticato
d   bancarella
e   orto
f   verdura

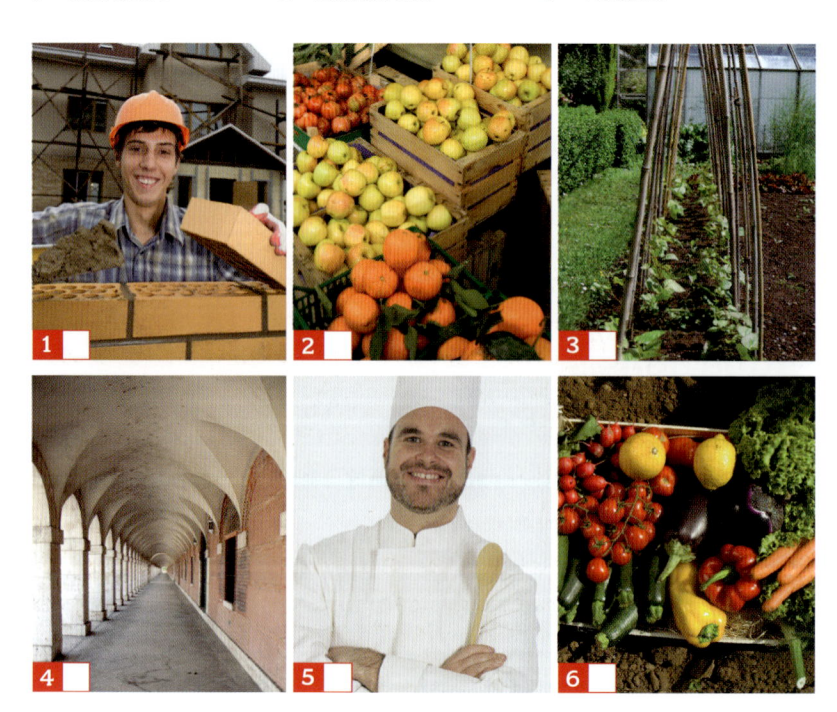

CAPITOLO 4
La vita a Morinesio

Quando Matteo e Anna, otto anni fa, sono arrivati per caso a Morinesio, il paese era in rovina [1]. Erano rimaste solo poche persone anziane. Gli altri avevano lasciato il paese, erano scesi nelle valli circostanti, dove potevano trovare lavoro più facilmente. La coppia invece si era innamorata subito della zona, della pace che vi regnava, della natura intatta, della vita semplice.

Dopo un anno Anna e Matteo avevano già comprato un piccolo gruppo di case e, durante le vacanze e nel tempo libero, avevano cominciato a ristrutturarle. A quel tempo Matteo lavorava per un'importante ditta internazionale e Anna, bravissima cuoca, aveva un piccolo ristorante nella città in cui vivevano.

Dopo due anni Matteo e sua moglie avevano deciso di stabilirsi definitivamente a Morinesio e di cambiare vita.

1. **essere in rovina**: essere distrutto.

CAPITOLO 4

Un poco alla volta hanno portato a termine la ristrutturazione e il restauro delle case. Anna li ha arredati con semplicità, ma con ottimo gusto. Ora li affittano a chi desidera passare una vacanza in questo paradiso quasi sconosciuto.

Negli anni successivi altre persone hanno seguito il loro esempio. Anche loro hanno comprato e sistemato diverse case del paese, che così, durante le vacanze, in inverno e in estate, si riempie di vita.

Anna e Matteo sono ormai perfettamente integrati nel luogo e conoscono tutti.

Tre anni fa Anna, sempre piena di idee, ha avuto l'idea di ricominciare a celebrare con l'aiuto degli abitanti della zona, un'antica festa dimenticata da tanto tempo: la festa del solstizio d'estate. Oggi l'evento, che riscuote grande successo, si ripete ogni anno nel mese di giugno. Per l'occasione turisti e curiosi salgono al piccolo paese per assistervi e parteciparvi.

Sono ormai trascorsi alcuni mesi da quando Valentina si è stabilita a Morinesio. Vivere nel piccolo paese le piace e non rimpiange assolutamente di aver lasciato la sua città. Si sente a suo agio [2] in questo posto così tranquillo e semplice.

Seduta al sole davanti alle case, trascorre spesso interi pomeriggi ad ascoltare storie che gli anziani le raccontano sui luoghi e sulle loro vite. Vivere a Morinesio l'ha aiutata a ritrovare l'ispirazione di un tempo e ha ricominciato a scrivere. I primi capitoli già mandati alla sua casa editrice sono piaciuti e il suo nuovo libro comincia a prendere forma. Il direttore editoriale, entusiasta, le ha addirittura scritto in una e-mail: "Vede?? Avevo ragione! Consigliarle di trasferirsi in un luogo tranquillo, è stata una buona idea!".

La sua giornata scorre tranquilla. Di solito Valentina si alza

2. **sentirsi a suo agio**: sentirsi bene.

La vita a Morinesio

presto, fa colazione sul meraviglioso balcone; lavora al suo romanzo; quasi ogni giorno trova il tempo per fare delle passeggiate nei bellissimi dintorni [3]. Molto spesso passa le serate da Anna e Matteo. Qualche volta, alcuni ospiti dell'agriturismo si uniscono a loro e insieme fanno lunghe chiacchierate. Ogni due settimane lei e Anna scendono a valle per andare a fare provviste [4] al mercato di Cuneo. La ragazza adora l'atmosfera che regna su quella piazza, tutte quelle merci variopinte distese sulle bancarelle, osservare la gente che compra, discute, si agita... La visita al mercato finisce quasi sempre con uno splendido pranzo in uno dei ristoranti della città.

"Sono felice di essere venuta qui." pensa tra sé e sé. "Qui sono riuscita a mettere in ordine la mia vita. Non ci speravo proprio più!"

Anche Amleto sembra amare la vita in campagna. È sempre in giro a esplorare angoli nuovi, per fare amicizia o per litigare con qualche gatto del posto.

L'unica persona, che si tiene accuratamente in disparte [5], è il signor Bianchi. Solo Bobo, il suo cane, vorrebbe giocare con Amleto o essere accarezzato da Valentina, ma il suo padrone, ogni volta che lo vede avvicinarsi a uno di loro, lo richiama bruscamente facendolo rientrare subito in casa.

"Ah!" sospira Valentina "Tutto sarebbe perfetto se...se non ci fosse il signor Bianchi!" che ha l'abitudine di protestare per qualsiasi cosa. Bussa spesso alla porta di Valentina — che ogni volta sobbalza inquieta — per lamentarsi, in modo sgarbato, di qualcosa. E sono sempre le stesse lamentele.

Un giorno Mario — questo è il nome del vicino — si è presentato davanti alla porta di Valentina per chiederle addirittura di

3. **dintorno**: posti vicini a dove si abita.
4. **provvista**: scorta di cibi.
5. **tenersi in disparte**: non partecipare a qualcosa, non avere contatti.

CAPITOLO 4

abbassare la voce quando canta, che spesso le capita senza accorgersene quando è felice. Le ha spiegato in tono scortese:

"Il mio è un lavoro che richiede un'alta concentrazione e lei mi disturba con i suoi strilli [6]!"

E come sempre se n'è andato senza lasciare a Valentina la possibilità di ribattere. La ragazza comincia a essere stanca di tutte queste lamentele che trova esagerate. Il comportamento del vicino la preoccupa, la rende inquieta, però il lavoro al suo nuovo romanzo procede bene e la tiene molto occupata. "Certo che se quell'uomo continua così" pensa spesso la ragazza "devo assolutamente trovare una soluzione! Stasera devo parlare con Anna e con Matteo!"

Durante la cena Valentina affronta l'argomento con gli amici. Sospira e dice "Non riesco proprio a capire che cosa gli ho fatto..."

Matteo, l'unico che scambia ogni tanto qualche parola con il signor Bianchi, la consola e si offre di parlargli. Anche Anna è preoccupata "Il tuo vicino ha effettivamente un brutto carattere" dice. "E questo già lo sapevamo! Mi meraviglia però la sua reazione nei tuoi confronti. Forse deve abituarsi alla tua presenza. Non lo so!" si interrompe brevemente per e poi aggiunge "Forse sarebbe meglio aspettare ancora un po'. Con il tempo il problema potrebbe risolversi da solo! Ma se vuoi, Matteo può parlargli..."

"No, no! Facciamo come dici tu! Aspettiamo ancora un po'."

Una sera Anna chiede a Valentina: "Allora, quando possiamo leggere la tua nuova opera?".

"Mah, vediamo! È quasi finita. Se vuoi domani posso già farti vedere i primi capitoli." risponde la ragazza.

"Domani? Oh, quanto mi dispiace, ma domani non ho proprio tempo! Cominciano i preparativi per la festa! Sono veramente desolata!"

6. **strillo**: urlo, grido forte.

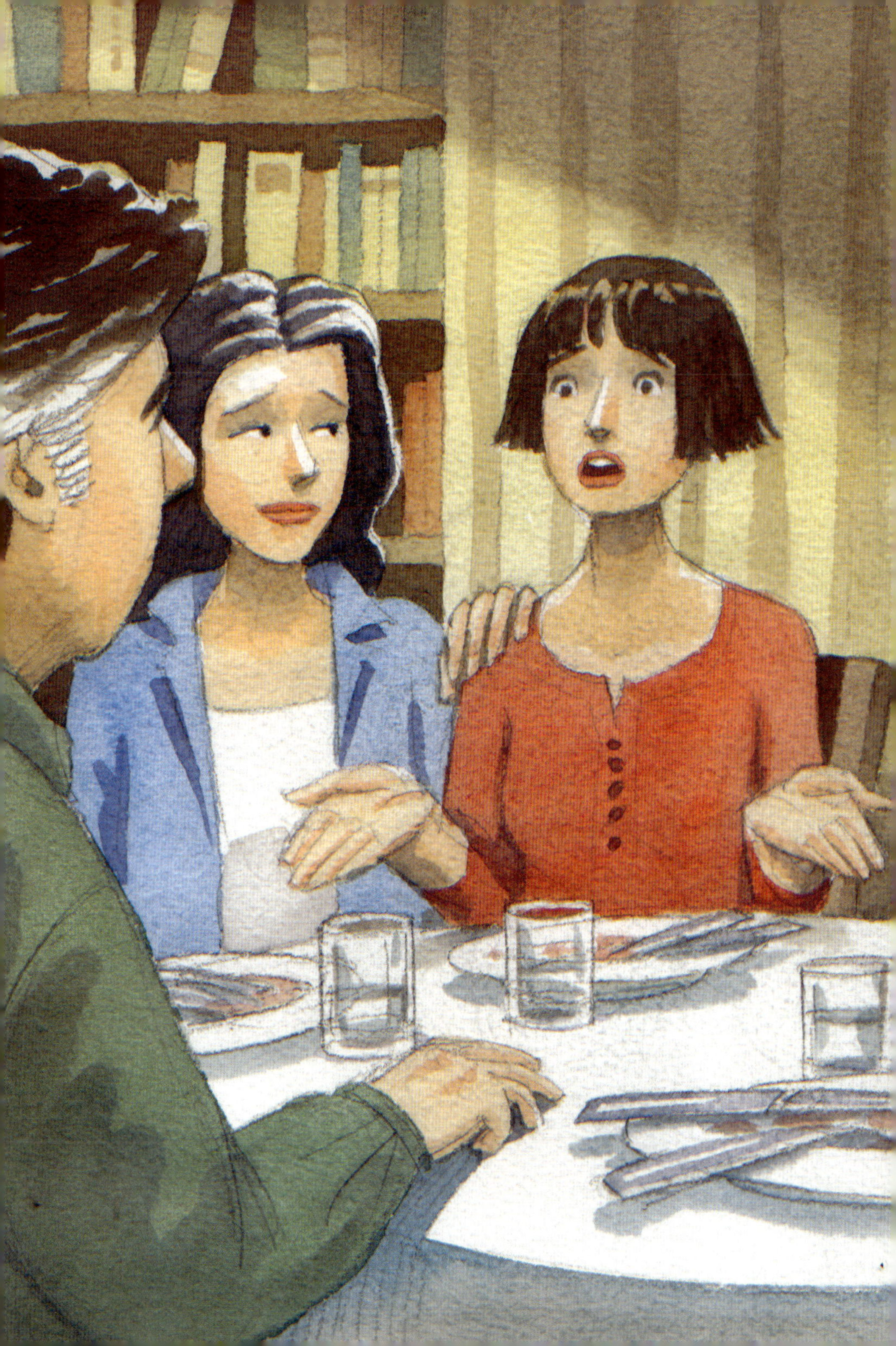

ATTIVITÀ

Comprensione scritta e orale

1 Rileggi il capitolo e indica se le seguenti affermazioni sono vere (V) o false (F).

		V	F
1	Quando Anna e Matteo sono arrivati a Morinesio, il paese era in rovina.	☐	☐
2	Dopo un mese avevano comprato tutte le case del villaggio.	☐	☐
3	Prima di trasferirsi a Morinesio, Matteo lavorava in banca e Anna in un ospedale.	☐	☐
4	La coppia aveva ristrutturato le case e le aveva trasformate in un hotel di lusso.	☐	☐
5	I pochi abitanti di Morinesio adorano Matteo e Anna.	☐	☐
6	Ogni anno Anna organizza nel paesetto un grande ballo per carnevale.	☐	☐
7	A Valentina purtroppo non piace vivere a Morinesio.	☐	☐
8	Il suo vicino, il signor Bianchi, non è molto gentile con lei e con il gatto Amleto.	☐	☐
9	Matteo vorrebbe aiutare Valentina e parlare con il vicino.	☐	☐
10	Il romanzo che la ragazza sta scrivendo è quasi finito.	☐	☐

Competenze linguistiche

CELI 1

2 Quale potrebbe essere il nome dell'agriturismo di Anna e Matteo? Prova a fare due o tre proposte e scrivile qui sotto.

....
....
....
....

ATTIVITÀ

3 La zia Clara scrive una lettera a Valentina. La ringrazia per la telefonata di alcune settimane fa. È anziana e un po' sorda e ha capito male quello che Valentina le ha detto. Trova gli errori e sottolineali.

> Cara Valentina,
> ti ringrazio per la telefonata.
> Mi fa molto piacere sentire che stai bene in quel piccolo paese di campagna e che hai un grande appartamento. La vista su quel lago -non mi ricordo il nome-, come mi hai raccontato, deve essere magnifica. Peccato che tu abbia una vicina così maleducata con un gatto antipatico. Coraggio! Tra poco torni a casa tua. A proposito di animali: come sta il tuo cane?
> Come mai Anna e suo marito Paul hanno aperto un altro ristorante? E quello che hanno qui in città? Ti faccio tanti auguri per l'articolo che stai scrivendo. Rispondimi presto. Un abbraccio.
> zia Clara

4 Ecco come ha passato la giornata Valentina. Abbina ogni orologio a una delle attività svolte dalla ragazza ed elencate qui sotto alla rinfusa.

passeggiata   andare a letto   lavorare al romanzo   piccola pausa per una merenda   mettere un po' in ordine l'appartamento   cena da Anna   fare colazione   alzarsi   ritorno al lavoro per il romanzo

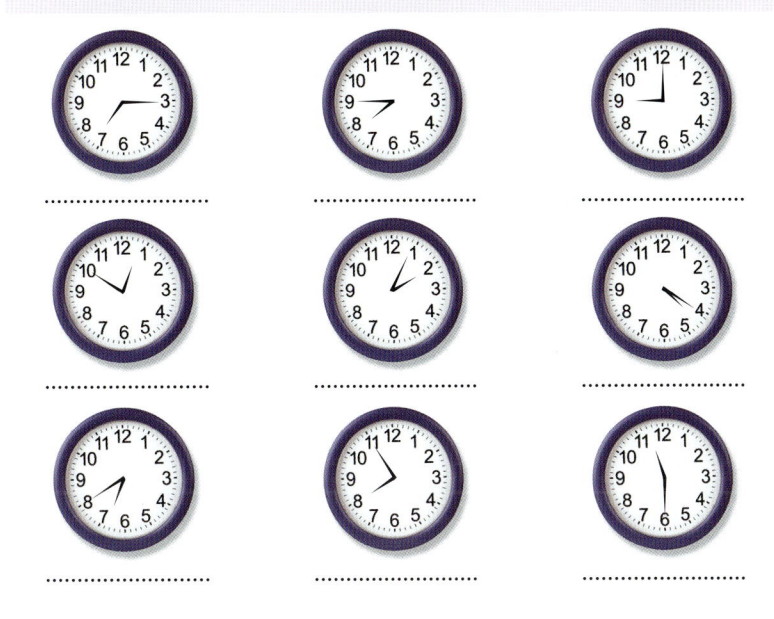

Grammatica

Uso del passato prossimo, dell'imperfetto e del trapassato prossimo.

Il passato prossimo si usa per:
- indicare azioni avvenute in un periodo di tempo non ancora terminato.
- indicare un'azione terminata e accaduta in un momento passato, anche molto lontano, i cui effetti continuano nel presente.
  Sono ormai trascorsi alcuni mesi da quando Valentina si è stabilita a Morinesio.
  Tre anni fa Anna ha avuto l'idea ricominciare a celebrare un'antica festa.

L'imperfetto si usa per:
- descrivere azioni abituali e ripetute nel passato.
- descrivere una situazione o un fatto avvenuti nel passato, di cui non si conosce l'inizio o la fine.
  Il paese era in rovina.
  Il direttore della casa editrice scrive a Valentina "Vede? Avevo ragione!"
  La festa di San Giovanni Battista non si celebrava più.

L'imperfetto è di solito accompagnato da espressioni di tempo come: a quel tempo, spesso, di solito, ogni giorno, ecc.
A quel tempo Matteo lavorava per un'importante e famosa ditta internazionale.

Il trapassato prossimo si usa per:
- indicare un'azione passata che avviene prima di un'altra azione, anche questa nel passato.
  Un anno dopo Anna e Matteo avevano comprato un piccolo gruppo di case e, durante le vacanze, avevano cominciato a restaurarle.

1 Coniuga i verbi tra parentesi all'imperfetto o passato prossimo.

1. Due settimane fa Aldo (*andare*) ………………………. in India per lavoro.
2. Da piccola Anna (*passare*) ………………………. sempre le vacanze dai nonni in campagna.
3. Mi dispiace, (io — *fare tardi*) ……………………….! (io — *perdere*) ………………………. l'autobus!
4. Quando Giovanni e Agnese (*abitare*) ………………………. vicino al lago, (*andare*) ………………………. a nuotare ogni giorno.

ATTIVITÀ

5 Mentre (tu — *lavorare*) .... in giardino, i ragazzi (*verniciare*) .... il mobile.
6 Quando (voi — *tornare*) .... a casa ieri sera?
7 La cena domenica (*finire*) .... a mezzanotte.
8 Mentre (noi — *essere*) .... in vacanza, qualcuno (*rovinare*) .... la porta del garage.

CELI 1

2 Completa le frasi con i verbi tra parentesi al trapassato prossimo.

1 Quando (io — *finire*) .... di preparare le valige, mi sono accorta che il passaporto (*essere scaduto*) ....
2 Antonio (*decidere*) .... di comprare un appartamento a Milano, ma poi (*andare*) .... a vivere in un'altra città.
3 Negli anni Cinquanta i miei genitori (*comprare*) .... una piccola macchina.
4 (voi — *promettere*) .... di arrivare in tempo per festa!
5 Sabato scorso Carla (*essere troppo stanca*) .... per venire con noi in discoteca.
6 Quando siamo arrivati, (tu — *dimenticare*) .... di preparare qualcosa per cena.
7 Durante tutta la settimana (noi — *dormire*) .... male e per questo (*essere nervoso*) ....
8 Quando Laura ha telefonato, (tu — *partire*) .... da poco.

Produzione scritta e orale

CELI 1

1 Che cosa pensi del signor Bianchi? Perché è strano secondo la tua opinione? Perché si comporta così con Valentina? Prova a fare delle ipotesi.

2 Anna è una brava cuoca. Ti piace cucinare oppure preferisci mangiare piatti preparati da persone più abili? Qual è il tuo piatto preferito? Racconta.

Due professioni insolite
della Valle Maira

Costretti dalla mancanza di lavoro e dalle difficoltà economiche, gli uomini della Valle Maira hanno esercitato per molti anni due professioni molto originali: i tagliatori di capelli (i caviè) e i venditori di acciughe (gli anciuéé).

I Caviè

I caviè, o capellai di Elva, erano gli uomini che si dedicavano al commercio dei capelli, dalla raccolta fino alla vendita. Erano giovani e vecchi, che partivano in gruppi, con un pacco di tessuti, un sacco, un metro e di un ombrello per scendere nella pianura alla ricerca della materia prima: i capelli. Il loro raggio di azione si estendeva dalla Lombardia fino al Friuli Venezia Giulia, cioè in tutte le regioni dell'Italia settentrionale.

Le origini di questo mestiere sono incerte e ci sono molte leggende, ma agli inizi del XIX secolo i "caviè", provenienti da Elva, erano già conosciuti. Secondo alcune fonti la loro attività, già diffusa nella Repubblica di Venezia, era stata importata nella Valle Maira, dopo il trattato di Campoformido del 1797, da qualche soldato della valle che aveva servito nell'armata di Napoleone. Nata all'inizio come attività svolta nel periodo invernale, era diventata tra la fine del IXX secolo e dopo la prima guerra mondiale, una professione vera e propria che consentiva un buon guadagno.

Per questo lavoro erano necessari un aspetto elegante e una grande capacità di persuasione. Infatti non tutte le donne erano pronte a vendere i propri capelli, che venivano tagliati molto corti. Un tale atto rimaneva visibile per molti mesi. La vergogna, ma anche la superstizione, erano ostacoli molto duri da superare. Dopo il taglio, la donna riceveva in omaggio un fazzolettino che teneva in testa fino alla ricrescita dei capelli.

Quando gli uomini tornavano a casa con il sacco pieno di materia prima, era compito delle donne di Elva, dove esistevano numerosi

laboratori, selezionare i capelli e suddividerli secondo il colore (si preferiva il nero, il biondo, ma anche il bianco delle donne anziane) e la lunghezza. Dopo essere stati sottoposti a una meticolosa pulizia, erano legati in cosiddette "mazze" per essere poi esportati in tutto il mondo. Le parrucche per i membri della House of Lords, per esempio, erano fatte con capelli provenienti dai laboratori di Elva.
Con l'uso dei capelli sintetici e i cambiamenti della moda, il mestiere dei "caviè" scomparve definitivamente già agli inizi degli anni Sessanta del secolo scorso.

Gli Anciuéé

Secondo una leggenda, un gruppo di saraceni, in fuga dagli eserciti dei signori locali, si sarebbe rifugiato in Valle Maira e più precisamente nel villaggio di Moschieres. Avrebbero così introdotto nella valle uno dei loro cibi preferiti: le acciughe sotto sale. Forse è leggenda, però i primi venditori di acciughe venivano proprio da quel paesino.
Secondo altre testimonianze questo commercio sarebbe nato dal senso per gli affari di qualche pellegrino, che di ritorno dal pellegrinaggio a Santiago di Compostela, in Spagna avrebbe pensato di vendere una parte dei pesci acquistati come approvvigionamento.

Anche il contrabbando del sale, alimento necessario sia agli uomini che alle bestie, potrebbe aver dato origine a questa professione. Per risparmiare sulle imposte, che erano molto elevate, si riempiva un barile per tre quarti di sale e per il resto di pesce. Arrivati a destinazione e dopo aver venduto il sale, le acciughe non potevano essere buttate via. La conseguenza più logica in quei tempi dove la scarsità di cibo e la fame erano la triste regola, era quindi quella di vendere il pesce. Questa tesi è avvalorata dal fatto che l'itinerario dei commercianti di sale, partiva dalle saline di Salon en Provence e da quelle de l'Etag de Berre alle foci del Rodano, passando proprio per la Valle Maira.

L'ipotesi più vera però è il baratto. Prodotti tipici di questa regione, come capelli e stoffe, o servizi, come la costruzione di botti, erano scambiati con prodotti ittici provenienti dalla Liguria o dalla Francia.

In autunno, gli uomini con i giovani apprendisti, dopo aver terminato i lavori nei campi, scendevano a Dronero, dove avevano lasciato in deposito i loro carretti. Caricata la merce, gli *anciuéé* partivano per i loro viaggi. Percorrevano a piedi chilometri e chilometri, passando di paese in paese, da un mercato all'altro, al grido caratteristico di "Anciué! Oooooh anciué!"

Nei tempi passati le acciughe sotto sale, come anche la polenta, costituivano la base dell'alimentazione per la popolazione più povera. Oggi rimangono uno dei pilastri della cucina piemontese, in piatti, per esempio, come la "bagna cauda" o le "acciughe in salsa verde".

Questo mestiere esiste ancora oggi, tramandato da padre in figlio. Ogni anno all'inizio dell'estate, e precisamente il primo fine-settimana di giugno, gli anciuéé si ritrovano a Dronero per una grande festa.

Comprensione scritta

1 Rileggi il dossier e poi rispondi alle domande.

1. Per quale ragione gli uomini della Valle Maira hanno esercitato queste due professioni insolite?
2. In quali regioni italiane si recavano i caviè per cercare la loro "merce"?
3. Quando è cominciata la loro attività?
4. Quali erano i requisiti necessari per un bravo caviè?
5. Al ritorno a Elva, chi selezionava i capelli?
6. Per quale ragione e quando è scomparsa questa attività?
7. Secondo la leggenda chi ha introdotto le acciughe in Valle Maira?
8. Che tattica usavano i commercianti di sale per risparmiare sulle imposte?
9. Qual è l'ipotesi più probabile per la nascita del commercio di acciughe sotto sale?
10. Quando partivano gli anciuéé per iniziare il loro commercio?
11. Nella cucina piemontese esistono ancora piatti a base di acciughe?
12. Si esercita ancora questo mestiere nella Valle Maira?

2 Nel tuo paese esistevano professioni insolite? Si esercitano ancora? Racconta.

....
....
....
....
....
....

ATTIVITÀ

Prima di leggere

1 Troverai queste parole nel capitolo V. Associa ogni parola all'immagine corrispondente.

a collina
b lettore CD
c falò
d pigiama
e nuvole
f alba

CAPITOLO 5

La festa del solstizio d'estate

In passato gli abitanti di Morinesio e di tutta la valle organizzavano il 21 giugno, giorno del solstizio [1] d'estate, una grande festa. Al tramonto, accendevano grandi fuochi attorno ai quali uomini, donne e bambini trascorrevano la notte parlando, ballando, mangiando e ascoltando la musica occitana, che proveniva dagli antenati della Francia meridionale.

Anna, con la sua vivace fantasia e con il suo talento organizzativo, l'aveva richiamata in vita aggiungendo ai festeggiamenti intorno ai fuochi un elemento nuovo: un corteo di pupazzi di cartapesta [2].

---

1. **solstizio**: il giorno più lungo dell'estate.
2. **cartapesta**: si tratta di un impasto di carta, acqua e colla.

La festa del solstizio d'estate

Una settimana prima della festa chi vuole partecipare costruisce dei pupazzi colorati di cartapesta che raccontano storie antiche, accadute nel paesino o nella zona, o che raccontano semplicemente una storia inventata da chi li costruisce.

Ogni anno alcuni esperti, amici di Anna, vengono apposta dagli Stati Uniti per aiutare gli abitanti di Morinesio a costruire i pupazzi, che sono poi portati in corteo per tutte le stradine del paese fino alla chiesetta sulla collina vicina.

Quello che ha costruito Valentina ha una faccia buffa e colori sgargianti. Vuole raccontare la storia di una ragazza che fino a poco tempo fa era triste e che ora invece è molto felice.

L'unico abitante di Morinesio che non manifesta alcun interesse per la festa è il signor Bianchi. In una delle rare occasioni, in cui ha scambiato poche parole con Matteo, si è espresso in modo negativo su di essa dicendo: "Secondo me è inutile richiamare in vita tradizioni così antiche. Io sono una persona moderna. Il passato" ha aggiunto con una certa arroganza "non mi interessa affatto. Io vivo nel presente. Far rivivere nel modo giusto una tradizione antica è difficile, finisce spesso per diventare uno spettacolo di cattivo gusto!"

E ogni anno, qualche giorno prima dell'evento, per dimostrare il suo disinteresse e la sua disapprovazione [3] se ne va. Carica Bobo sulla macchina, lascia il paese e vi fa ritorno a festa finita.

"Oh, ecco il nostro simpatico signor Bianchi! Puntuale come sempre!" commenta Anna ironica vedendolo passare nella sua automobile. "Ci risiamo! Il tuo vicino lascia Morinesio. Che ci vuoi fare, fa così ogni anno! Anche se ormai ci siamo abituati e non ci

---

3. **disapprovazione**: non essere d'accordo.

CAPITOLO 5

facciamo più caso, mi domando ogni volta perché si comporta a quel modo!"

Anche quest'anno i pupazzi di cartapesta sono magnifici. Il giorno della festa il corteo si snoda per le stradine del villaggio tra canti e risa. La giornata è bellissima, piena di sole, con un grande cielo azzurro senza nuvole. La manifestazione è, come sempre, un successo. Tutti si divertono, ridono, ballano intorno ai falò chiacchierano e mangiano i cibi tradizionali che hanno preparato. Verso le cinque di mattina, dopo aver ammirato l'alba, gli ultimi "festaioli" decidono di andare a casa. Valentina, Anna e Matteo sono tra questi.

Rientrata nel suo appartamentino, la ragazza decide di fare una doccia. Non si sente per niente stanca e vorrebbe lavorare all'ultimo capitolo del romanzo. È piena di energie dopo una giornata così ricca di avvenimenti e così bella. "Forse riuscirò persino a finirlo" pensa felice. Inoltre il suo vicino non c'è, e può anche permettersi di ascoltare la sua musica preferita a un volume un po' più alto del solito e magari -perché no?- anche di cantare senza essere interrotta.

Euforica apre la porta del soggiorno per fare entrare la luce del primo sole e l'aria fresca del mattino, accende il suo lettore CD, si siede al computer e comincia a cantare a voce alta la canzone che sta ascoltando.

Dopo pochi minuti sente battere alla sua porta. "Oh,no!! Non può essere....Non è possibile" pensa sgomenta [4] "Speriamo che sia solo Anna! Forse mi vuole dire qualcosa". Apre la porta e davanti a lei c'è un buffissimo signor Bianchi in pigiama e con i capelli

---

4. **sgomenta**: spaventata, impaurita.

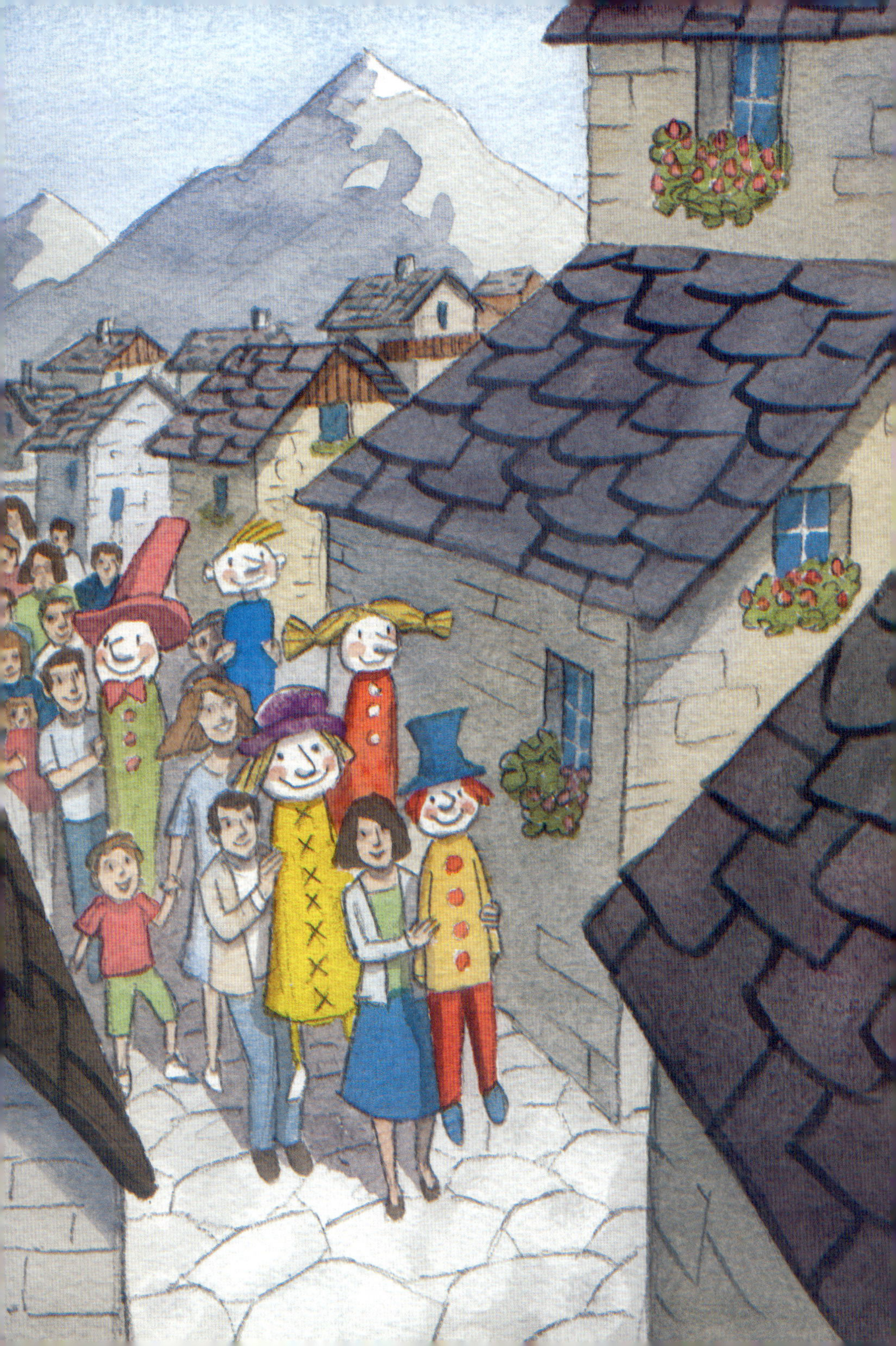

CAPITOLO 5

scompigliati [5]. La ragazza, vedendolo in quello stato, non riesce trattenere un piccolo sorriso.

"Senta!" le dice in tono seccato e ancora meno gentile del solito: "Così non si può andare avanti, mi dispiace proprio! Io e lei dobbiamo assolutamente trovare una soluzione che vada bene a tutti e due. Da quando lei è venuta a vivere qui" continua senza neanche guardarla in viso "la pace è finita! Ed io, non ne posso proprio più.........!"

Valentina non lo lascia finire. La sua reazione è improvvisa e violenta. Lo guarda infuriata e gli urla: "Cerchi di darsi una calmata! Anch'io non ne posso più! Capisce? Lei mi rende la vita impossibile con le sue lamentele da bambino viziato!" e continua in tono leggermente più calmo "Io non avevo intenzione di svegliarla o darle fastidio. Ho pensato che lei non fosse qui! L'avevo vista partire ieri. Lei è una persona maleducata, prepotente e impossibile. È arrivato il momento di dirglielo. Questa volta non le chiedo scusa! Ma le chiedo di spiegarmi perché lei si comporta in un modo così maleducato....così villano nei miei confronti! Che cosa le ho fatto?"

Il signor Bianchi, sorpreso da una tale reazione, la guarda in un modo strano, cerca di avvicinarsi a lei. La ragazza spaventata, fa un passo indietro. Allora Mario balbetta alcune parole di scusa, imbarazzato, e se ne va.

"Che persona disgustosa e spiacevole!" pensa la ragazza mentre rientra in casa sbattendo la porta "Perfetto! Adesso, la giornata è rovinata e la voglia di lavorare mi è proprio passata!"

---

5. **scompigliati**: in disordine, non pettinati.

ATTIVITÀ

Comprensione scritta e orale

CELI 1

1 Rileggi il capitolo e trova gli errori.

1. In passato gli abitanti di Morinesio organizzavano una grande festa per il solstizio d'inverno.
2. Una settimana prima della festa chi vuole o chi vi partecipa può cucire i costumi.
3. Al signor Bianchi piacciono le feste tradizionali perché le trova interessanti.
4. Il giorno della festa piove e fa freddo.
5. Valentina, Anna e Matteo lasciano la festa molto presto.
6. Tornata a casa la ragazza decide di fare colazione e di leggere il giornale ad alta voce.
7. Il signor Bianchi telefona a Valentina e le chiede di non fare rumore.
8. Valentina reagisce alla sua richiesta in modo calmo e tranquillo.
9. Prima di tornare a casa sua, il vicino la guarda e sorride.
10. La ragazza è felice e decide di andare al mercato.

2 Ascolta la descrizione del pupazzo costruito da Valentina, individua e sottolinea, tra gli aggettivi elencati qui sotto, quelli che si riferiscono al suo pupazzo.

antipatico	divertente	nero	vivaci	destra
alto	simpatico	strano	rotondo	giallo
festivo	gentile	lussuoso	luminoso	stanco
grande	allegro	rosso	larga	sinistra
noioso	corti	lunga	verdi	aperto

3 Scrivi i contrari degli aggettivi che si riferiscono alla descrizione del pupazzo costruito da Valentina.

alto basso ....
....
....
....

55

Competenze linguistiche

1 Valentina scrive una breve e-mail al direttore della casa editrice e gli racconta della festa. Completa la e-mail con gli elementi alla rinfusa.

ballare / mangiare / ascoltare musiche occitane / pupazzi di carta pesta / 21 giugno / amici americani di Anna / portare i pupazzi in corteo per il paese / la festa dimenticata / raccontare storie antiche, ma anche inventate / la sera accendere grandi fuochi sulla collina

```
Caro Giorgio
come va? Questa volta vorrei raccontarti di una festa che si fa a Morinesio
..................................................................................................
..................................................................................................
..................................................................................................
..................................................................................................
Aspetto la tua risposta. Un caro saluto.                              Valentina
```

CELI 1

2 Nei capitoli finora letti ricorrono i nomi dei mesi. Li conosci? Prova a cercarli nella griglia qui sotto.

```
L X U G I U G N O O P B R H Z D
M A G G I O B V Q W D F F A E I
R S E P Q U E O P L F S O P I C
K Z N A G O S T O B B P I R E E
F D N C E N B R O M M B G I F M
S M A T A R N H B F G E L L P B
Q W I T F E M B R E H P G E I R
M K O L U G L I O S T I N U Y E
U I N O V E M B R E H M A R Z O
F E B B R A I O T G O N T A I O
F R E S M A S E T T E M B R E Z
U N I O T T O B R E L E S P T L
```

Grammatica

> I pronomi relativi sostituiscono un sostantivo e collegano due frasi.
>
> - Il pronome relativo **che** sostituisce un sostantivo ed è indeclinabile.
>   *Esperti aiutano i partecipanti a costruire pupazzi di carta pesta, **che** sono portati in corte per le stradine del paese.*
>   *Mario arrabbiato dice a Valentina "Bisogna trovare una soluzione **che** vada bene per tutti e due".*
> - Il pronome relativo **cui** è invariabile ed è sempre preceduto da una preposizione semplice (di/a/da/in/con/su/per/tra o fra) ed è indeclinabile.
>   *In una delle rarissime occasioni, **in cui** Mario parla con Matteo gli dice che la festa del solstizio non gli piace.*
>   *Non conosci la persona, **di cui** stiamo parlando?*
>   *Trovo il ragazzo, **a cui** avete dato il vostro indirizzo, molto simpatico.*
>   *Tina è la ragazza, **con cui** ho deciso di fare un viaggio in Australia.*
>   *La ragione, **per cui** abbiamo deciso di andare in vacanza, è che siamo molto stanchi.*

1 Completa le frasi con i pronomi relativi *che/cui*. Fai attenzione alle preposizioni.

1. È interessante il racconto .... stai leggendo?
2. Il vestito, ... Laura indossa, è di un famoso stilista spagnolo.
3. Il ristorante .... ti parlavo, propone una cucina vegetariana.
4. Il quadro ...... vedete a destra, è di Matisse.
5. La ragazza .... esce Giulio, è francese.
6. Abbiamo comprato la casa .... abitava tua sorella.
7. Le lasagne .... ha preparato Susanna, non ci sono piaciute.
8. Secondo me il regalo .... hai comprato per Anna, non è adatto a lei.
9. Voi avete capito la ragione .... i ragazzi non vanno più in Australia?
10. L'avvocato .... vi siete rivolti, ci sembra molto bravo.

ATTIVITÀ

2 **Usando i pronomi relativi unisci le frasi come nell'esempio.**

Ha abitato a lungo in una piccola città — la città si trova vicino a Berlino.
Ha abitato a lungo in una piccola città, che si trova vicino a Berlino .

1. Abbiamo prenotato una stanza in quell' hotel a Barcellona — dell'hotel vi abbiamo raccontato.

   ....

2. Carlo e Francesca hanno venduto l'appartamento — l'appartamento era troppo piccolo per loro.

   ....

3. Caterina è una ragazza — con lei ho frequentato un corso di russo.

   ....

4. Antonio compra le scarpe sempre nello stesso negozio — il negozio è in via Roma.

   ....

5. Parlavate poco fa di un libro — del libro avete letto la recensione.

   ....

6. Per andare al lavoro prendi sempre quell'autobus — l'autobus parte alle sei?

   ....

Produzione scritta e orale

1 **Anche tu partecipi alla festa organizzata da Anna per festeggiare il solstizio d'estate. Che tipo di pupazzo ti piacerebbe costruire? Racconta.**

....
....

2 **Esistono nel tuo paese feste tradizionali? Potresti descriverne almeno una brevemente?**

....
....

ATTIVITÀ

Prima di leggere

1 Queste parole sono usate nel capitolo VI. Associa ogni parola all'immagine corrispondente.

- a scarponi
- b zaino
- c stelle alpine
- d torrente
- e lampo
- f laccio
- g materasso
- h cellulare
- i temporale

CAPITOLO 6

Il temporale

Dopo la sfuriata [1] Valentina si calma a poco a poco. "È stupido" pensa "arrabbiarsi per una persona così gretta e meschina [2]! Fuori la giornata è così bella!"

Decide di fare una lunga passeggiata in montagna: vuole salire a Elva, l'ultimo paese della valle, per scendere poi a Brioni, un piccolo villaggio abbandonato. Anna le ha raccontato che nelle case sono rimasti ancora quasi tutti gli oggetti e i mobili. "È come se" le ha detto "gli abitanti fossero appena andati via".

Mette gli scarponi, prende il suo zaino e si dirige verso la casa di Anna e Matteo.

La coppia sta facendo colazione in giardino. Valentina si siede al tavolo con loro e, mentre mangia distrattamente qualcosa, racconta dello spiacevole episodio con il vicino. Anna e suo marito sono indignati.

1. **sfuriata**: sfogo violento di rabbia.
2. **gretto e meschino**: persona limitata nei sentimenti.

Il temporale

"Se continua a darmi fastidio" dice tristemente "devo tornare a casa. Non posso più vivere vicino a una persona simile! Per oggi, comunque, ho deciso di andare in montagna. Sono così sconvolta, che la voglia di lavorare mi è passata!" Informa gli amici dell'itinerario [3] prescelto.

Matteo preoccupato scuote la testa e le dice :

"Questa volta il signor Bianchi ha superato ogni limite! Dopo la colazione vado subito da lui per chiarire la situazione una volta per tutte!" fa un pausa e poi continua "Valentina, ascolta! Posso darti un consiglio? Io non andrei in montagna! Non vedi il cielo? Oggi arriva un temporale. Tu non conosci i temporali qui! Sono violentissimi e molto pericolosi. Va a casa, Valentina, e dormi un po'. Sei molto stanca e affaticata!".

"Un po' di acqua non mi fa paura!" ribatte la ragazza cocciutamente [4]. "Non preoccupatevi per me. A stasera, ragazzi!" e s'incammina per il sentiero che porta al monte Nebin. Quando arriva sulla cima, si siede per mangiare il panino che Anna le ha messo con insistenza nello zaino, guarda il panorama mozzafiato [5] e ammira le piccole stelle alpine che crescono nei prati. Dopo una breve sosta scende a Elva e da lì si dirige verso il sentiero che porta a Brioni. Attraversa il torrente e comincia a salire verso il paesino abbandonato. Valentina comincia a sentire la stanchezza della notte insonne. Il cielo comincia a riempirsi di nuvole nere e minacciose.

"Matteo aveva ragione! Sta arrivando un temporale!" pensa. Ormai Elva è troppo lontana. "Devo cercare di arrivare presto a Brioni" pensa "là posso trovare un riparo [6] e aspettare la fine del temporale!"

---

3. **itinerario**: percorso di un'escursione, di una gita.
4. **cocciutamente**: ostinatamente.
5. **mozzafiato**: bellissimo, meraviglioso.
6. **riparo**: protezione.

CAPITOLO 6

Cominciano a cadere le prime gocce e da lontano si sentono i primi tuoni. Il cielo si oscura sempre di più e la pioggia diventa sempre più fitta. Valentina cammina più in fretta per arrivare al villaggio. È piuttosto agitata e nervosa. Ha molta paura e non si accorge che un laccio dello scarpone si è slegato. Improvvisamente, inciampa su di esso e cade sul sentiero a un passo dal dirupo. Cercando di non cadere nel vuoto, si aggrappa ai sassi ma batte la testa, i gomiti e le ginocchia sul terreno. La caduta è violenta, la ragazza però si rialza con fatica e prosegue alla ricerca di un rifugio. Le ginocchia e il braccio sinistro sanguinano, la testa le fa male ma non ha tempo per occuparsene. "Devo arrivare subito a Brioni!! Devo trovare immediatamente un riparo!".

Il temporale si è scatenato con una violenza terribile.

Raggiunta una delle prime case di Brioni, Valentina prova con fatica ad aprire la porta e questa fortunatamente cede subito. La ragazza entra nella stanza, mentre fuori la pioggia torrenziale continua ad aumentare. I lampi illuminano il piccolo villaggio abbandonato che sembra popolato di fantasmi.

"Mamma mia!" pensa la ragazza "con questo tempo il paese fa paura! Mi sembra di essere in un film dell'orrore!" I tuoni, che rimbombano dappertutto, rendono l'atmosfera ancora più irreale e terrificante.

Valentina è bagnata fradicia [7]. Tutto il corpo le fa male e la testa comincia a pulsare. La ragazza cerca di rimanere lucida.

"Santo cielo! Devo essere conciata [8] proprio male!" esclama a voce alta per farsi coraggio. È molto stanca e cerca un posto dove sedersi per riposare. La luce di un lampo illumina un vecchio letto in un angolo,

---

7. **fradicia**: intrisa d'acqua, completamente bagnata.
8. **conciata male**: ridotta male.

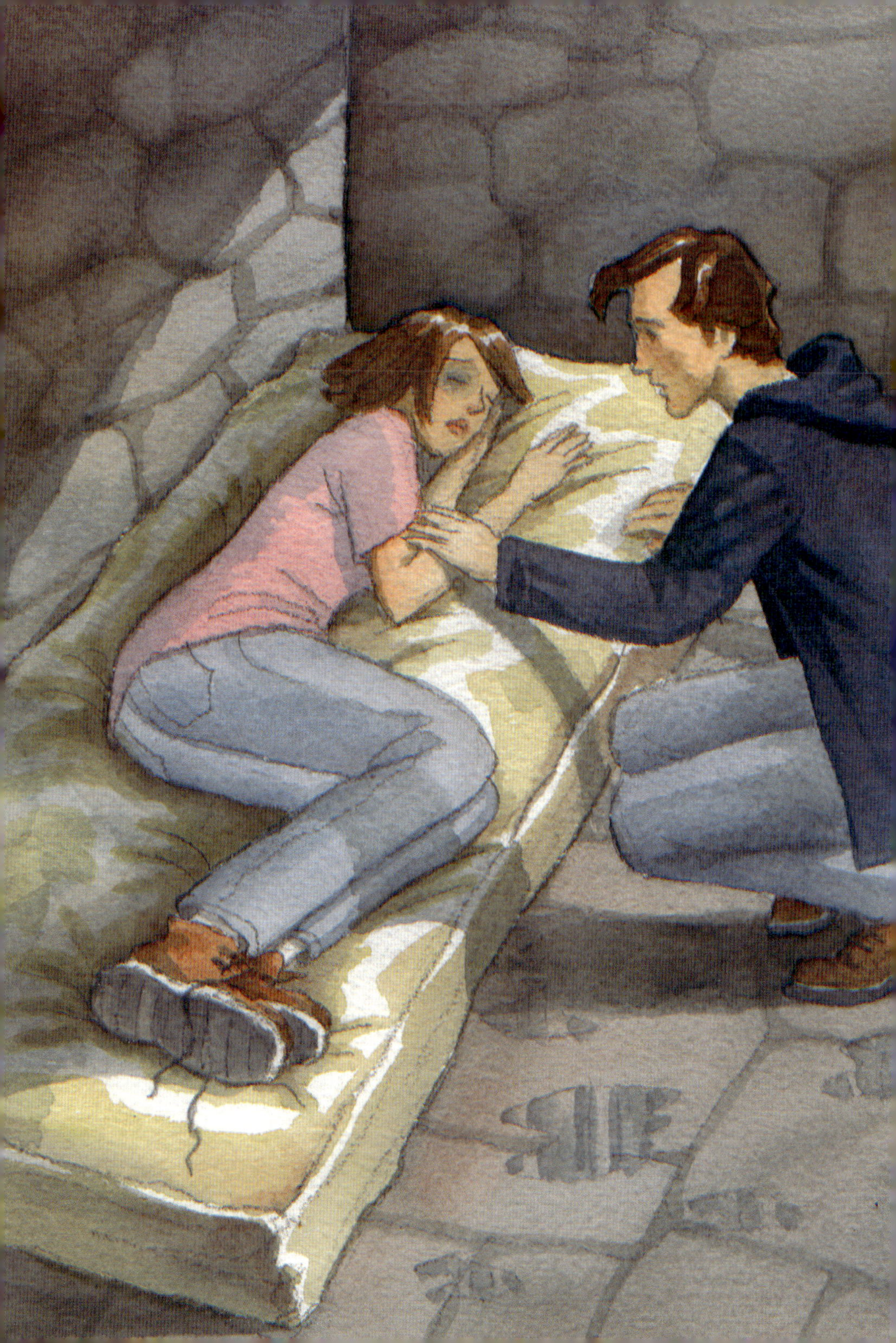

CAPITOLO 6

il materasso sembra essere sporco e rovinato, ma a Valentina non importa. Vuole solo riposare un po', mentre aspetta che il maltempo fuori finisca. Si distende e si addormenta. Nel sonno fa strani sogni, in quasi tutti appare il suo scorbutico vicino. Le sembra persino di sentire la sua voce che la chiama: "Valentina, signorina Valentina..."

Con un sobbalzo la ragazza si sveglia. Terrorizzata lancia un urlo. Davanti a lei c'è un uomo che le scuote gentilmente una spalla, mentre un cane le sta leccando una mano. Valentina si dibatte e grida disperatamente "Aiuto! Aiuto!".

L'uomo allora si allontana di qualche passo e le dice gentile "Si calmi! Non abbia paura! Sono il suo vicino, Mario! Mi riconosce? Finalmente l'abbiamo trovata. Ci ha fatto prendere una bella paura....Vede, c'è anche Bobo...."

La ragazza non capisce, è intontita e sente male dappertutto. Fuori è ormai notte, il temporale è passato.

"Ma che ora è? Ma dove sono? Anna e Matteo, dove sono?"

"Venga, l'aiuto ad alzarsi!" dice il suo vicino in tono molto gentile. "Può camminare? Si è rotta qualcosa?"

"No, penso proprio di no!" gli risponde Valentina. "L'occhio, l'occhio" balbetta "mi fa male e deve essere gonfio. Ma non penso di avere qualche frattura...." si sente stanca ma è sorpresa dalla gentilezza del signor Bianchi.

"Allora, andiamo! Su, l'aiuto. Dobbiamo scendere fino alla strada. Là ci aspettano i suoi amici. Li ho appena chiamati con il cellulare..."

Aiutata da Mario, la ragazza comincia la discesa per il sentiero che dopo il violento temporale è bagnato e scivoloso. Il signor Bianchi la sorregge [9] premurosamente e le fa coraggio, Bobo li segue scondizolando.

9. **sorreggere**: aiutare, sostenere.

ATTIVITÀ

Comprensione scritta e orale

1 Rileggi il capitolo, trova e correggi gli errori.

1 Valentina dopo la sfuriata decide di fare una gita a Cuneo.
....

2 Va da Anna e Matteo e li informa dello spiacevole episodio con il vicino.
....

3 Matteo consiglia alla ragazza di non fare una gita in montagna perché c'è il pericolo di un temporale.
....

4 Valentina da retta all'amico, torna a casa e va a dormire.
....

5 Mentre scende verso il piccolo villaggio di Brioni, la ragazza vede che il temporale sta per arrivare.
....

6 Per cercare un rifugio dalla pioggia, Valentina corre velocemente in direzione di Elva.
....

7 Durante la corsa non si accorge che lo zaino è caduto, inciampa su di esso e si ferisce a una gamba.
....

8 In una casa del paesino abbandonato la ragazza trova un letto su cui distendersi e si addormenta.
....

9 Valentina sogna di essere sul suo terrazzo e le pare di sentire Amleto che le lecca una mano.
....

10 Il vicino è molto gentile e l'aiuta premuroso ad arrivare al parcheggio, dove l'aspettano gli amici.
....

65

Competenze linguistiche

CELI 1

1 Ascolta i 4 dialoghi e poi individua la parola chiave per ciascuno di essi.

    a neve   **b** pioggia   **c** nebbia   **d** temporale

1   **A**   Pronto! Chiara sei tu?
       B   Ah, Giulio. Che sorpresa! Da dove stai telefonando?
       A   Dalla Spagna. Qui fa un caldo terribile! E da voi?
       B   Ah, davvero? Qui invece sta arrivando un bel temporale!

2   **A**   Che cos'è questo rumore?
       B   È la pioggia, che batte sulle finestre!
       A   Accidenti! Ma piove così forte?

3   **A**   Ho letto le previsioni: nebbia su tutta la regione! Vuoi partire lo stesso?
       B   Nebbia? Veramente? Mah, io quasi, quasi prendo il treno!

4   **A**   Hai visto? Fuori ci sono almeno 20 centimetri di neve!
       B   Ah, sì! Veramente? Che ne dici di andare a sciare?

Grammatica

I pronomi diretti di terza persona.

I pronomi diretti di terza persona sostituiscono un nome usato con funzione di complemento oggetto. Le forme sono:

Singolare		Plurale	
Maschile	Femminile	Maschile	Femminile
lo	la	li	le

I pronomi diretti si trovano sempre davanti al verbo, tranne all'infinito e all'imperativo, in cui si uniscono al verbo.

*Ordini la pizza? Per me, per favore, prendi**la** senza prosciutto.*
*Il signor Bianchi aiuta la ragazza ferita e **la** sorregge.*
*L'occhio di Valentina è gonfio e ha difficoltà a tener**lo** aperto.*

ATTIVITÀ

1 Completa le frasi con i pronomi diretti appropriati.

1. Sai quanto costa il biglietto dell'autobus? Mi dispiace, ma non …….. compro mai, ho l'abbonamento!
2. Ti incontri spesso con Marie e sua sorella? Sì, …….. vedo spesso.
3. Dove fai di solito la spesa? Mah, di solito …….. faccio nel supermercato sotto casa.
4. Chi compra il giornale oggi? …….. compro io, non ti preoccupare!
5. Dove sono gli scarponi? Ma scusa, non …….. vedi? Sono davanti a te!
6. Chi porta i CD per la festa di domani? …….. porta Carlo, come sempre!

2 Pronomi diretti o indiretti? Collega gli elementi delle due colonne per formare delle frasi e completa il testo con i pronomi corretti.

1. ☐ Sai se Paolo parla l'inglese?
2. ☐ Sapete se al ristorante "La spiga" cucinano piatti vegetariani?
3. ☐ Vorrei regalare a Tina un libro.
4. ☐ Conosci Londra?
5. ☐ Hai visto John con i nuovi occhiali?
6. ☐ Comprate voi i panini per la gita di domani?
7. ☐ Per la cena di domani sera vorrei preparare per Carla e Giorgio del pesce. Che ne dici?
8. ☐ Carolina va al lavoro con la macchina?

a. Non …….. sappiamo.
b. Sì ieri. E devo dire che …….. stanno bene.
c. No, la macchina …….. usa poco. Non …….. piace guidare!
d. Non …….. conosco molto. Ci sono stato solo una volta tanto tempo fa.
e. No, non …….. parla per niente!
f. Sì, …….. compriamo noi prima di partire.
g. Del pesce? Ma il pesce non …….. piace!
h. Non è una buona idea. I libri non …….. piacciono.

ATTIVITÀ

Produzione scritta e orale

1 Valentina ha avuto una brutta avventura. Ti sei mai trovato/a in una situazione pericolosa? Racconta o inventa una storia.

....
....

2 Che cosa fai nel tempo libero? Racconta.

....
....

Prima di leggere

1 Troverai queste parole nel cap. VII. Associa ogni parola all'immagine corrispondente.

- **a** pugile
- **b** doccia
- **c** mazzo di fiori
- **d** coppia
- **e** specchio
- **f** lettera

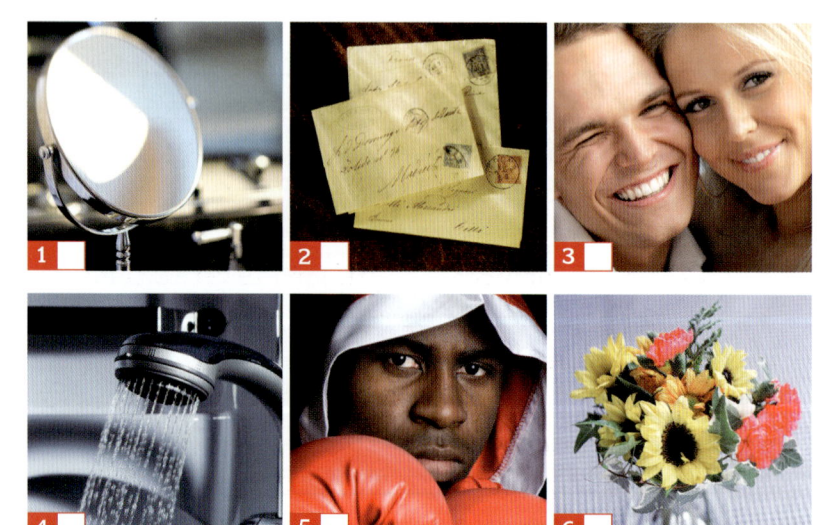

CAPITOLO 7

Il mistero si scioglie: Betty

A metà strada incontrano Anna e Matteo. "Che paura ci hai fatto prendere! Stai bene? Ti sei ferita? Vieni ti aiutiamo! Abbiamo lasciato la macchina sulla strada. Non è lontano! Coraggio! Siamo quasi arrivati" le dicono gli amici aiutandola.

Anna insiste per portare Valentina all'ospedale di Dronero.

"Ma via" replicano dolcemente i due uomini. "Non ci sembra il caso! Valentina ha un occhio gonfio, ma le ferite sembrano leggere! Sembra più che altro spaventata. Forse basta portarla domani dal nostro medico!"

Arrivati a casa di Anna, Valentina ringrazia Mario per il suo aiuto e gli augura una buona notte. Si sente confusa per il comportamento stranamente gentile e premuroso del sig. Bianchi, ma è talmente stanca che si addormenta subito.

CAPITOLO 7

Il giorno dopo, quando si sveglia, è già pomeriggio. Anna entra nella camera e le dice scherzosamente "Caspita, hai dormito proprio tanto! Come ti senti? Il signor Bianchi ha già chiesto molte volte di te!"

Valentina si alza, con l'aiuto dell'amica si veste e dice di voler tornare a casa. Si preoccupa per Amleto che ha lasciato solo a lungo. Quando si guarda allo specchio e vede l'occhio sinistro gonfio e tumefatto[1] lancia un grido:

"Sono un mostro! Povera me! Come sono conciata male!"

"Non ti preoccupare" ribatte l'amica "tra una settimana sarà tutto a posto!" e sorride.

Amleto è felice di rivederla; miagola per salutarla, ma anche per avere il suo cibo preferito. Senza rendersene conto, Valentina, felice di essere di nuovo nel piccolo appartamento dopo la brutta avventura, comincia a canticchiare la sua canzone preferita.

Improvvisamente sente un rumore: qualcuno bussa alla sua porta. La ragazza si spaventa. "Oh, no!" pensa "Per carità, non ricominciamo di nuovo! Che cosa ho fatto di male questa volta?...."

Apre e si trova davanti Mario sorridente e un po' imbarazzato con un mazzo di fiori raccolti nel suo giardino, che molto gentilmente le dice :

"Non volevo disturbarla. Anna mi ha detto che è tornata a casa... Volevo solo sapere come sta. Quando si sente meglio, dopodomani per esempio, vorrei dirle due parole, magari ehm, invitarla a cena. Dovrei spiegarle alcune cose... Sa, mi dispiace molto per quello che è successo... Penso che sia anche un po' colpa mia..."

Valentina è molto confusa, prende i fiori, ringrazia, balbetta "A cena? Ma come?....Lei...." "Si'....Naturalmente solo se vuole!" la

1. **tumefatto**: gonfio.

Il mistero si scioglie: Betty

interrompe Mario gentilmente "penso di doverle raccontare qualcosa di importante. Ehm, le devo delle spiegazioni!" "Uhm! Delle spiegazioni??" chiede la ragazza sorpresa "Beh, se è così, allora accetto volentieri! Grazie!" "Dopodomani alle 7.30. Va bene?" prosegue il vicino "Sì, va bene! Grazie" risponde Valentina. "Tanti auguri! Si riposi!" le dice Mario e se ne va seguito da Bobo.

Il signor Bianchi arriva puntuale. Con la sua macchina scendono per la stradina stretta e piena di curve fino a Stroppo, dove si trova il ristorante da lui scelto per la cena. Entrano e Paolo, il proprietario, li accompagna al loro tavolo.

Gli altri ospiti nella sala non possono fare a meno di guardare la coppia. Soprattutto la ragazza con quell'occhio gonfio attira l'attenzione di tutti.

Mentre aspettano l'antipasto, Mario comincia a raccontare.

"È arrivato il momento" dice con un certo imbarazzo "di darle alcune spiegazioni. Forse dopo riuscirà a capire meglio i motivi del mio, ehm, diciamo "strano" comportamento! Mi creda, mi dispiace veramente di essere stato così villano, così... scortese. La prego di accettare le mie scuse! Ma prima mi ascolti!"

Tace per un momento, tossisce imbarazzato, cerca le parole giuste e, con una certa fatica, comincia a raccontare.

La protagonista della sua storia è una donna: Betty. L'aveva conosciuta durante un viaggio negli Stati Uniti. Nella ditta, con la quale Mario era in contatto d'affari, lei aveva una funzione importante. Carina, allegra, sempre sorridente, dotata di un grande senso dello humor, Mario se ne era innamorato quasi subito. Avevano cominciato a frequentarsi e viaggiavano fra l'Italia e gli Stati Uniti. All'inizio tutto sembrava semplice e persino avventuroso, poi, con il passare dei mesi, era diventato sempre più

CAPITOLO 7

triste separarsi. Allora Betty era venuta a vivere in Italia, ma già poco dopo il suo arrivo erano sorte le prime difficoltà. La ragazza soffriva di nostalgia, non riusciva a trovare un lavoro adeguato [2] alle sue capacità e in più si sentiva sola, perché Mario era sempre in giro per il mondo per lavoro. La relazione aveva cominciato a peggiorare e un giorno, rientrando dal lavoro, Mario non l'aveva più trovata. Sul tavolo in soggiorno c'era solo una lunga lettera, nella quale la ragazza gli spiegava le ragioni del suo ritorno negli Stati Uniti. Solo allora Mario aveva capito. Ogni tentativo per ritrovarsi era stato inutile e alla fine lui si era rassegnato.

"Per me è stato molto difficile accettare la decisione di Betty, che mi ha profondamente ferito" dice Mario tristemente. Respira profondamente, poi, dopo una brevissima pausa, continua.

Aveva così deciso di lasciare tutto e tutti e di ritirarsi nella solitudine di Morinesio. Il direttore della sua ditta si era dimostrato molto comprensivo, ma lo aveva sconsigliato di lasciare il lavoro. Generosamente gli aveva proposto di continuare la sua attività restando a casa.

Quel paesino quasi disabitato era per lui il rifugio ideale, lì poteva restare solo con i suoi pensieri e ricordi senza essere circondato da vicini o da altre persone. E poi un giorno invece si era trovato davanti Valentina.

"La prima volta, che ti ho visto nel giardino...., scusa, possiamo darci del tu?"

Valentina è sorpresa, ma accetta: "Certo...ehm volentieri!"

"Bene... ti ricordi? Beh, sono rimasto senza parole. Ho pensato di vedere Betty! Tu le somigli molto sia nell'aspetto sia nel carattere. Per esempio, anche lei, quando era felice, aveva

---

2. **adeguato**: conveniente, adatto a lei.

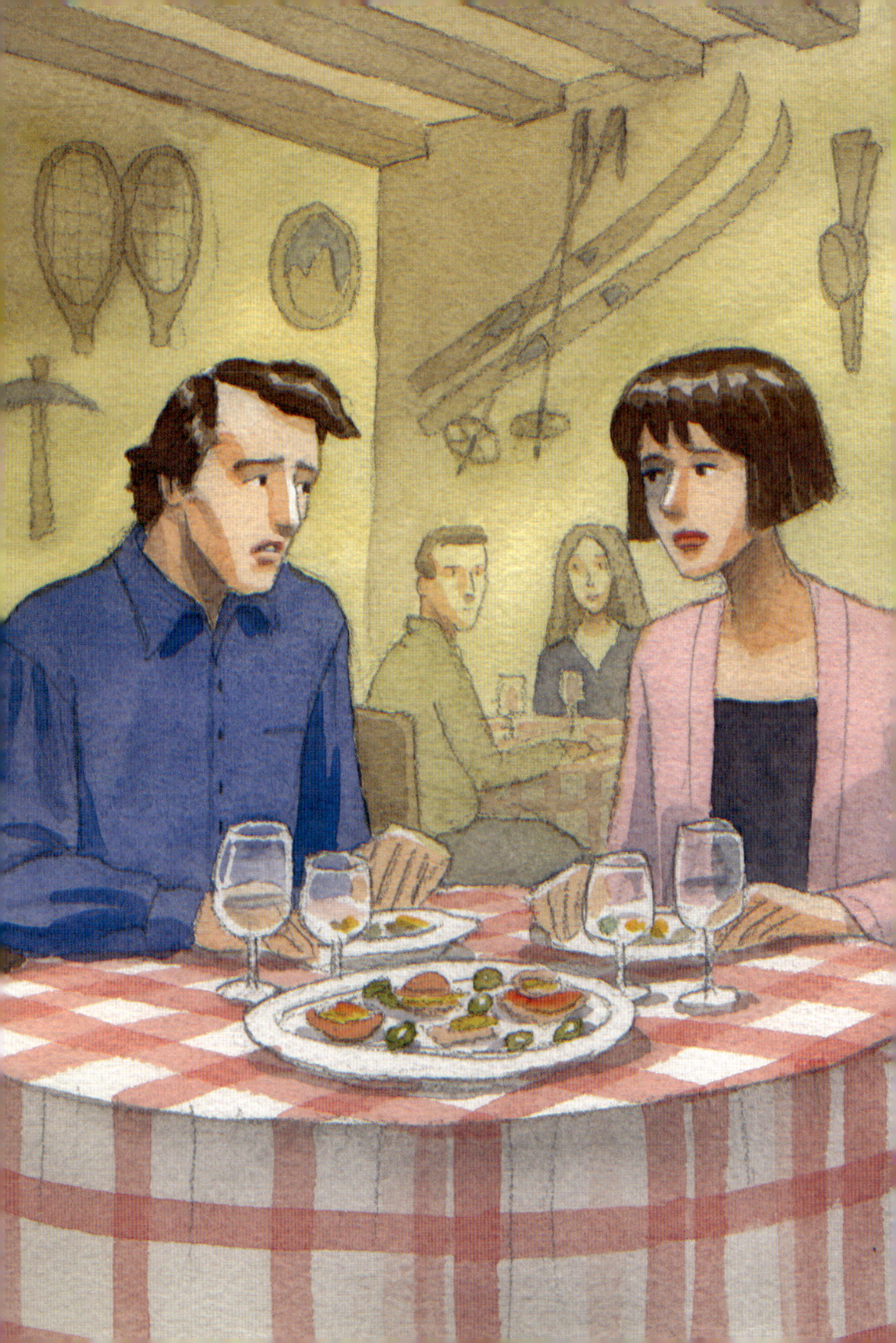

CAPITOLO 7

l'abitudine di canticchiare. Ed io non ho saputo fare altro che reagire nel modo sbagliato: sono stato aggressivo e villano!"

Fa una piccola pausa, scuote la testa tristemente e poi continua. "Penso che adesso le spiegazioni bastino. Non ti chiedo di capire. Ti chiedo solo di scusarmi!" Sospira. "Ti prometto di essere un buon vicino! Spero di poter diventare anche un buon amico!"

La serata, nonostante il suo inizio malinconico, trascorre allegramente. I piatti preparati dalla moglie di Paolo sono eccellenti. Arrivati a casa, Valentina e Mario restano ancora per un po' seduti sui gradini della casa di Mario a contemplare un magnifico cielo stellato e poi si augurano la buona notte, finalmente sereni.

Due mesi più tardi Valentina ha finito il romanzo, la casa editrice è contenta del suo lavoro e vuole pubblicarlo al più presto possibile.

La ragazza dovrebbe tornare nella sua città, ma la vita a Morinesio le piace molto. Mario è un vicino gentilissimo e pieno di attenzioni, Anna e Matteo sono cari amici, la gente del paese le vuole bene ed è fiera di ospitare una scrittrice così famosa. Molti le chiedono di scrivere un romanzo che racconti della loro vita, della loro storia e delle loro tradizioni. E Valentina ci sta pensando seriamente.

Si affaccia sulla terrazza e vede Amleto nel giardino del vicino che vagabonda[3] in cerca di avventure nel tiepido sole autunnale. Bobo la saluta con un abbaiare festoso, mentre Mario, che sta lavorando nel giardino le chiede se la prossima settimana vuole andare con lui al mercato di Cuneo.

"Volentieri" gli risponde Valentina "con piacere!"

"E allora", si chiede la ragazza felice, "per quale ragione dovrei lasciare questo piccolo angolo di Paradiso?"

---

3. **vagabondare**: andare in giro senza una meta o un motivo preciso.

ATTIVITÀ

Comprensione scritta e orale

CELI 1

1 Rileggi il capitolo VII e scegli l'alternativa corretta.

1 Anna è preoccupata e vuole portare Valentina
   a ☐ al bar   b ☐ a casa   c ☐ all'ospedale

2 Dopo la doccia la ragazza cade nel letto
   a ☐ stordita   b ☐ stremata   c ☐ sistemata

3 Quando la ragazza si guarda allo specchio e vede l'occhio gonfio dice
   a ☐ come sto bene   b ☐ come sono carina
   c ☐ come sono conciata male

4 Mario invita Valentina a cena e le porta
   a ☐ un mazzo di fiori   b ☐ un mazzo di carte
   c ☐ un mazzo di erbe

5 Gli ospiti del ristorante non possono fare a meno di guardare
   a ☐ il cameriere   b ☐ il menu   c ☐ la coppia

6 Mario aveva conosciuto Betty
   a ☐ durante un viaggio d'affari   b ☐ durante un viaggio in mare
   c ☐ durante un viaggio in Cina

7 Betty non riusciva a trovare in Italia un lavoro
   a ☐ allegato   b ☐ arretrato   c ☐ adeguato

8 Sul tavolo del soggiorno Mario aveva trovato
   a ☐ un mazzo di fiori   b ☐ una lettera   c ☐ una cartolina

9 Mario cercava a Morinesio
   a ☐ la solitudine   b ☐ la felicità   c ☐ la tristezza

10 Mario propone alla ragazza di darsi
   a ☐ un bacio   b ☐ del tu   c ☐ la mano

11 La casa editrice vuole pubblicare il romanzo di Valentina
   a ☐ al più tardi possibile   b ☐ al più presto possibile   c ☐ mai

12 Alla fine la ragazza decide
   a ☐ andare in America   b ☐ di restare a Morinesio
   c ☐ di trasferirsi a Torino

Competenze linguistiche

CELI 1

1 Completa le frasi. Con le lettere contenute nelle caselle troverai la parola misteriosa.

1. È stretta e piena di curve quella che scende a Stroppo □_ _ _ _ _ _ _ .
2. Amleto miagola per avere quello preferito □_ _ _ .
3. Attira l'attenzione degli altri ospiti nel ristorante _ _ _ _ _ □ .
4. Lo prepara Mario per l'inverno _ □ _ _ .
5. Mario bussa spesso a quella di Valentina □_ _ _ _ .
6. Li offre in un mazzo Mario a Valentina _ _ □ _ _ .
7. Lo sono i piatti preparati dalla moglie di Paolo _ _ _ _ _ _ _ □ _ _ .
8. Lo è la fine di Betty _ _ _ _ □ _ _ .

La parola misteriosa è _ _ _ _ _ _ _ _ _ .

2 Associa a ogni aggettivo il suo contrario.

1	□ premuroso		a	largo
2	□ riservato		b	sgonfio
3	□ villano		c	allegro
4	□ malinconico		d	educato
5	□ famoso		e	abitato
6	□ stremato		f	noioso
7	□ divertente		g	energico
8	□ disabitato		h	sconosciuto
9	□ gonfio		i	estroverso
10	□ stretto		l	indifferente

3 Valentina va a casa di Anna e Matteo e li informa dello spiacevole episodio con il sig. Bianchi. Come potrebbe raccontarlo?

"Oggi, quando sono tornata a casa, ero così felice e per niente stanca. Ho deciso di fare una doccia e, dopo la colazione, di lavorare al romanzo. Improvvisamente.......... **Continua tu**.

Grammatica

L'uso del condizionale presente

Il condizionale presente si usa per fare una proposta, per chiedere gentilmente qualcosa, per fare un'ipotesi, per dare un consiglio e esprimere un desiderio.

Il condizionale presente si forma aggiungendo alla radice del verbo:
- le desinenze -erei, -eresti, -erebbe, -eremmo, -ersete, -erebbero (per i verbi in -are ed -ere);
- le desinenze -irei, -iresti, -irebbe, -iremmo, -ireste, -irebbero (per i verbi in -ire).

Mario dice a Valentina "Vorrei invitarla a cena. Dovrei spiegarle qualcosa"

1 Leggi attentamente le frasi proposte e individua di quale situazione si tratta.

1. ☐ Che ne dici? Sabato prossimo ti andrebbe di fare una gita in montagna?
2. ☐ Non credo proprio che Martina lavorerebbe volentieri in quell'ufficio!
3. ☐ Senta, potrebbe condire l'insalata con il succo di limone? Sa, l'aceto non mi piace!
4. ☐ Se possiamo darvi il nostro parere, noi quell'appartamento non lo compreremmo!
5. ☐ Se possibile, vorrei un posto vicino al finestrino.

a fare una proposta
b chiedere gentilmente qualcosa
c fare un'ipotesi
d dare un parere
e esprimere un desiderio

ATTIVITÀ

2 Completa le frasi con i verbi tra parentesi al condizionale presente.

1. Marina (*comprare*) .... una nuova macchina, ma non ha soldi.
2. A Caterina e a suo marito (*piacere*) .... fare un viaggio in Patagonia.
3. Scusa, ma mi (*passare*) .... il giornale di oggi?
4. Non pensiamo proprio che Sonia (*giocare*) .... a golf!
5. Scusa, ma tu gli (*prestare*) .... la tua macchina?
6. Paola è sempre in ritardo! Ma non (*potere*) .... arrivare per una volta un po' prima!

Produzione scritta e orale

CELI 1

1 Sembra proprio che Valentina abbia deciso di fermarsi a Morinesio… come potrebbe continuare la storia?

....
....
....
....

2 Scrivi una e-mail a un tuo amico/amica con tutte le informazioni che ti ricordi sulla Valle Maira.

TEST FINALE

1 Metti in ordine i disegni, poi fai un riassunto della storia.

....
....
....

2 Scrivi tutte le informazioni che ti ricordi su:

1 Valentina ....
2 Mario ....
3 Matteo ....
4 Anna ....
5 Betty ....
6 Paolo ....
7 il cane Bobo ....
8 il gatto Amleto ....

79

TEST FINALE

3 Nel testo sono menzionate varie parti del corpo. Trovali e segnali sulla foto. Completa poi con quelli che mancano.

4 Piccolo quiz geografico.

1 Il nome del monte, su cui sale Valentina: ....
2 Il paesetto abbandonato, in cui la ragazza trova un riparo: ....
3 La città, in cui ha luogo ogni settimana il mercato: ....
4 Il piccolo paese, in cui Mario e Valentina vanno a cena: ....
5 Il torrente che percorre la valle: ....
6 La città, da cui provengono Valentina, Anna e Matteo: ....
7 Il paese, in cui abitano i protagonisti della storia: ....
8 La nazione, da cui proveniva Betty: ....